SEELENREISEN

rungen löst sich die Seele ganz vom Körper, als wolle sie die Schwelle zum nächsten Leben überschreiten, wird aber doch wieder in den irdischen Leib zurückgeholt. Und dann gibt es noch jene Seelen, die angeblich den Tod eines physischen Körpers überdauert haben und in einem anderen wiedergeboren wurden, was man auch als Reinkarnation bezeichnet.

Die oben abgebildeten Amerikaner sind bekannte Persönlichkeiten, die von Reisen ihrer Seele berichteten. Auf den folgenden Seiten finden sich Schilderungen einer außerkörperlichen Erfahrung des Fliegers Charles A. Lindbergh und einer Todesnähe-Erfahrung des Schriftstellers Ernest Hemingway sowie die nahezu akribisch genauen Erinnerungen des Generals George S. Patton an seine Vorleben.

Der gespenstische Flug des Charles Lindbergh

Die außergewöhnlichsten Momente des Transatlantikfluges, den Charles Lindbergh im Jahre 1927 unternahm, mögen jene gewesen sein, die sich in der zweiundzwanzigsten Stunde ereigneten. Während ihn dichter Nebel umgab und er wie hypnotisiert auf die Instrumententafel starrte, kämpfte Lindbergh gegen den übermächtigen Schlaf an. Und dann auf einmal spürte er, wie er eine amorphe, gespensterhafte Form annahm.

„Ich existierte unabhängig von Zeit und Materie", erinnerte er sich fast 50 Jahre später. „Ich fühlte, wie ich meinen Körper verließ, so wie in meiner Vorstellung eine Seele scheiden würde. Ich schwebte in die Kabine, dehnte mich durch den Rumpf hindurch aus, als würden weder Rahmen noch Wände existieren, aufwärts und fort, bis ich weit entfernt von der menschlichen Hülle, die ich in der rasch dahinfliegenden Maschine zurückgelassen hatte, wieder ein Bewußtsein wurde. Aber ich blieb mit meinem Körper durch eine langgedehnte Schnur verbunden, eine Schnur, so fein, daß sie von einem Atemzug durchtrennt werden konnte."

Lindbergh war sich im klaren darüber, daß andere dieses Erlebnis seiner völligen Erschöpfung zuschreiben würden. In seiner Autobiographie sprach der Flieger daher diesen Einwand auch gleich an. „Meine Visionen", schrieb er, „können leicht rational hinwegerklärt werden, aber je länger ich lebe, für um so begrenzter halte ich die Rationalität."

Ernest Hemingways Begegnung mit dem Tod

Es war eine drückend heiße Julinacht im Jahre 1918. An der italienischen Front nahe dem Dorf Fossalta war das feindliche Feuer das einzige Licht, das den mondlosen Himmel erleuchtete. In ein Erdloch gekauert lauschte Ernest Hemingway, der während des Ersten Weltkriegs als junger Offizier in der amerikanischen Sanitätstruppe diente, angespannt auf das Stakkato der Gewehre und Granatwerfer. Plötzlich hörte er, wie eine Granate durch die Luft gesaust kam. Einen Augenblick später explodierte um ihn herum alles, und Schrapnellkugeln bohrten sich in seine Beine. In den schrecklichen Momenten, die der Explosion folgten, so berichtete Hemingway später einem Freund, spürte er, daß seine Seele den Körper verließ wie im Augenblick des Todes.

Diese persönliche Begegnung mit dem Tod verarbeitete Hemingway 1929 in einer Szene seines Romans *In einem andern Land,* in der die Romanfigur Frederic Henry verwundet wird. „Ich versuchte zu atmen, aber mein Atem blieb weg und ich fühlte, wie ich sausend meinen Körper verließ, raus, raus, raus, und die ganze Zeit über spürte ich deutlich meinen Körper im Wind. Ich fuhr geschwind aus mir heraus, mein ganzes Ich, und ich wußte, daß ich tot war und daß es gar nicht wahr ist, wenn man denkt, man stürbe einfach. Dann trieb ich dahin, und anstatt daß es weiterging, fühlte ich mich zurückgleiten. Ich atmete, und da war ich wieder."

Die vielen Vorleben des George S. Patton

Langres war eine kleine Stadt in Nordostfrankreich, die Hauptmann George S. Patton noch nie besucht hatte, bevor er im Dezember 1917 dort eintraf, um eine Panzerschulung durchzuführen. Dennoch schlug der Neuankömmling aus Amerika das Angebot eines örtlichen Verbindungsoffiziers aus, ihm die Stadt zu zeigen, an deren Stelle sich einst ein römisches Militärlager befunden hatte. „Nicht nötig", erklärte Patton dem verblüfften jungen Mann. „Ich kenne mich hier aus."

Patton war ein unerschütterlicher Anhänger des Reinkarnations-Gedankens und überzeugt, schon einmal in Frankreich gewesen zu sein – als römischer Legionär. Während er vorausging, wies er auf Plätze hin, auf denen sich einst römische Tempel und das Amphitheater, der Exerzierplatz und das Forum befunden hatten, und zeigte sogar die Stelle, an der Julius Cäsars Lager gewesen war. Es war, wie Patton später seinem Neffen erzählte, „als ob mir jemand all dies ins Ohr geflüstert hätte".

Patton mag seine anhaltenden militärischen Erfolge teilweise dem Umstand zugeschrieben haben, daß er bereits in früheren Leben als Soldat in Kriegen gekämpft hatte. Als während des Zweiten Weltkriegs in Nordafrika ein britischer General einmal bewundernd bemerkte: „Wenn Sie im 18. Jahrhundert gelebt hätten, wären Sie ein großartiger Feldmarschall für Napoleon gewesen", da grinste Patton nur und erwiderte: „Aber das war ich doch."

KAPITEL 1

Wenn die Seele den Körper verläßt

Es war ein Herbstabend des Jahres 1910. In Burlington im amerikanischen Bundesstaat Vermont lag Caroline Larsen in ihrem Bett und hörte zu, wie im Parterre des Hauses ihr Mann mit drei Freunden ein Streichquartett von Beethoven übte. Im Halbschlaf genoß sie die Musik, als sie plötzlich von dem beklemmenden Gefühl ergriffen wurde, die Besinnung zu verlieren.

„Ich wehrte mich dagegen, aber es war sinnlos", erzählte sie später. „Dieser überwältigende Druck wurde immer stärker, und kurz darauf kroch eine Starre in mir empor, bis jeder Muskel gelähmt war... Zuerst hörte ich die Musik noch deutlich... aber schließlich wurde alles dunkel... als nächstes fand ich mich neben meinem Bett stehend, während ich aufmerksam meinen eigenen Körper betrachtete, der im Bett lag."

Mrs. Larsen schaute auf ihr Gesicht herab. Es sah blaß und regungslos aus, wie tot. Die Augen waren geschlossen, und der Mund stand halb offen. Aber sie verspürte weder Entsetzen noch Angst, sondern lediglich so etwas wie gelassene Neugier. Sie blickte sich im Zimmer um, alles schien in bester Ordnung – der Tisch, auf dem Bücher und allerlei Krimskrams lagen, der Frisiertisch, die Kommode, die Stühle, der grüne Teppich und die rote Tapete mit ihrem Muster aus Vasen und Blumen, die sie oft gezählt hatte, wenn sie keinen Schlaf finden konnte. Sie warf noch einen Blick auf ihren Körper im Bett. Dann ging sie langsam zur Tür hinaus und den Flur entlang zum Badezimmer, in dem sich ein großer Spiegel befand. „Aus reiner Gewohnheit griff ich zum Schalter, um Licht zu machen, aber natürlich ging es nicht an", erinnerte sich Mrs. Larsen. Doch das war auch gar nicht notwendig, denn ihr Gesicht und ihr Körper strahlten ein intensives weißes Licht aus, das den Raum hell erleuchtete.

„Als ich in den Spiegel sah, wurde ich zum erstenmal die erstaunliche Verwandlung gewahr, die mit mir vor sich gegangen war", fuhr sie fort. „Statt einer Frau in mittleren Jahren erblickte ich die Gestalt eines etwa 18jährigen Mädchens. Ich erkannte die Erscheinung und Züge meiner Jugend wieder. Doch jetzt war ich unendlich viel schöner. Mein Gesicht schien aus feinstem Alabaster geformt und durchsichtig, ebenso wie meine Arme und Hände, die ich erhoben hatte, um mein Haar zu berühren... Doch vollkommen transparent waren sie nicht, vielmehr befand sich in der Mitte von Armen, Händen und Fingern eine dunklere, dichtere Substanz, so wie auf einer Röntgenaufnahme. Meine schon im physischen Körper recht auffallenden Augen schienen nun durchdringend zu sein. Meine Haare waren nicht mehr grau, sondern dunkelbraun wie in meiner

Jugend; sie fielen in Wellen über Schultern und Rücken. Und zu meinem Entzücken trug ich das wunderbarste Gewand, das man sich nur vorstellen kann – ein weißes, leuchtendes Kleid, das ärmellos und tief ausgeschnitten war und mir fast bis zu den Knöcheln reichte."

Während sie sich im Spiegel betrachtete, hatte Caroline Larsen nicht mehr auf die Musik geachtet. Aber jetzt hörte sie die Mißklänge eines miserabel gespielten Violinkonzertes von Mendelssohn. „Mir war sofort klar, daß der Franzose mal wieder ein Solo spielte", erinnerte sie sich. „Das machte er immer, wenn die Noten ausgewechselt wurden. Aber wie immer spielte er falsch. Und wie üblich ging mir das so auf die Nerven, daß ich ärgerlich murmelte: ‚Ich wünschte, mein Mann würde diesem Franzosen endlich einmal sagen, daß er das Konzert entweder richtig spielen soll oder gar nicht.'" Glücklicherweise wandte sich das Quartett bald wieder Beethoven zu. Die Musik beruhigte Caroline Larsen, und plötzlich hatte sie eine großartige Idee: Sie wollte hinuntergehen und sich den Herren in ihrer jugendlichen Schönheit zeigen; sicher würde deren Bewunderung grenzenlos sein.

„Ich wandte mich vom Spiegel ab und trat in den Flur hinaus. In freudiger Erwartung ging ich beschwingt weiter und genoß das Gefühl körperlicher Unbeschwertheit ... Ich bewegte mich mit der Leichtigkeit von Gedanken." Als Mrs. Larsen die Treppe hinunterschritt, klang die Musik schöner denn je. Aber dann wurden ihre Hoffnungen jäh zunichte gemacht. „Als ich den kleinen Absatz in der Treppenmitte erreichte, stand auf einmal ein weibliches Wesen mit leuchtendem Gewand und ausgestreckten Armen vor mir. Es wies mit dem Zeigefinger nach oben und sagte streng: ‚Wohin willst du? Kehre zurück in deinen Körper!' ... Instinktiv wußte ich, daß die Weisungen und die Autorität dieses Geistwesens keinen Widerspruch zuließen."

Widerwillig wandte sich Mrs. Larsen um und ging die Treppe hinauf in ihr Schlafzimmer. „Dort lag mein physischer Körper so still und leblos, wie ich ihn verlassen hatte. Ich betrachtete ihn mit einem Gefühl der Abscheu und Enttäuschung. Ich wußte, daß ich bald wieder in ihn zurückkehren mußte, wie häßlich er mir auch erscheinen mochte und wie sehr mir davor schauderte." Doch es blieb ihr keine Zeit mehr für Grübeleien. „Im nächsten Augenblick hatte ich mich wieder mit meiner physischen Hülle verbunden, und mit einem Schreck wachte ich in ihr auf."

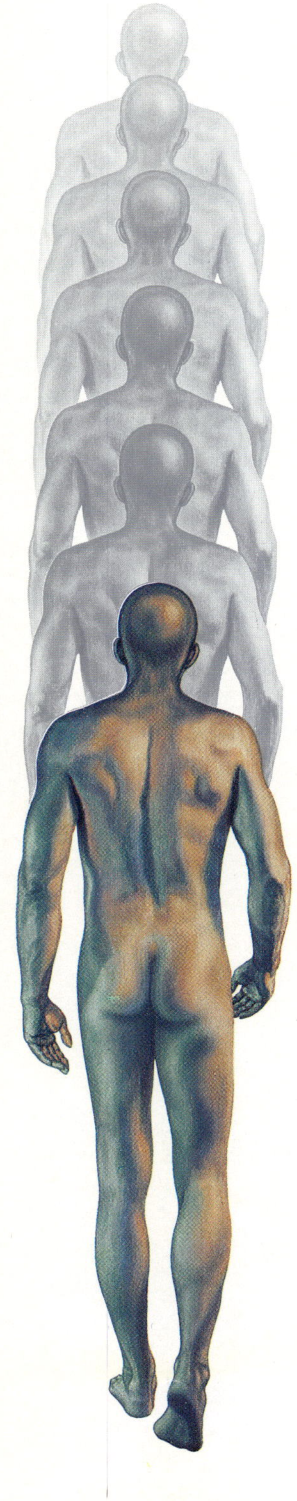

Caroline Larsen war zweifellos nicht der erste und gewiß nicht der letzte Mensch, der spürbar erleben konnte, wie sich die Essenz seines Selbst vom physischen Körper abspaltete. Dergleichen außerkörperliche Erfahrungen – kurz AKE genannt – haben seit den Anfängen der Geschichte viele Menschen in allen Kulturen auf der ganzen Welt gemacht.

Es gibt offenbar kein Volk, bei dem man dieses Phänomen häufiger antrifft als bei anderen. Man findet es unter Tibetern ebenso wie bei Isländern und mit derselben Häufigkeit bei Franzosen wie bei Russen, Briten oder Amerikanern. Und auch unter der Urbevölkerung Borneos, Afrikas und Ozeaniens scheint es weit verbreitet. Darüber hinaus hat das Auftreten von außerkörperlichen Erfahrungen offenbar nichts mit einem bestimmten Beruf oder einer Beschäftigung zu tun – auch wenn viele Dichter und Schriftsteller solche Erfahrungen gemacht und sie später beschrieben haben. Zu ihnen gehören Goethe, D. H. Lawrence, Aldous Huxley, Arthur Koestler, Emily Brontë, Guy de Maupassant und Jack London, um nur einige zu nennen.

Doch auf jeden dieser bekannten Persönlichkeiten kommen Tausende gewöhnlicher Männer und Frauen wie Caroline Larsen, die spürten, wie ihre Seele auf eine phantastische Reise ging. Das Auftreten außerkörperlicher Erfahrungen scheint durch bestimmte Umstände begünstigt zu werden, wie etwa durch Schlaf, Träume, halluzinogene Drogen, Vollnarkosen, schwere Erkrankungen oder Begegnungen mit dem Tod. Menschen, die an der Schwelle zum Tod standen oder sogar klinisch tot waren und dann wieder ins Leben zurückkehrten, behaupten oft, eine Art von außerkörperlicher Erfahrung gemacht zu haben, die als Todesnähe-Erfahrung bezeichnet wird. Und dann gibt es noch die Vorstellung der Reinkarnation.

Wenn es möglich wäre, daß sich die Seele unabhängig vom physischen Körper bewegte und den Tod überdauerte, könnte sie dann nicht ohne weiteres auch in einem anderen Körper wiedergeboren werden?

Die Idee der Wiedergeburt ist so alt wie die Menschheit selbst, und sie wird heute von Forschern untersucht, die sich dabei der wissenschaftlichen Methoden des 20. Jahrhunderts bedienen. Das Phänomen der „Seelenreisen" ist heute Gegenstand exakter wissenschaftlicher Untersuchungen, wenngleich viele Wissenschaftler schon zusammenzucken, wenn nur das Wort Wissenschaft in diesem Zusammenhang erwähnt wird.

Die Kritiker tun dergleichen als Träume, Halluzinationen oder gar Schwindel ab. Verfechter stellen andererseits mit Nachdruck fest, daß echte außerkörperliche Erfahrungen – sowohl während sie gemacht werden als auch in der Erinnerung – weitaus realer sind als gewöhnliche Träume oder Halluzinationen. Darüber hinaus sollen sich Abfolge und Inhalt dieser Erfahrungen erstaunlich gleichen und bei so vielen Menschen an verschiedenen Orten und in unterschiedlichen sozialen Schichten auftreten, daß sich das Phänomen eigentlich kaum noch als Halluzinationen relativ weniger übersensibler Menschen deuten läßt.

Dr. Eugene E. Barnard, der sich mit der Erforschung außerkörperlicher Erfahrungen beschäftigt, meint, daß immerhin einer von hundert Menschen irgendwann in seinem Leben ein solches Erlebnis habe. Andere behaupten sogar, die korrekte Zahl würde zwischen 15 und 20 Prozent liegen.

Dr. Charles T. Tart, ebenfalls PSI-Forscher, schrieb zu diesem faszinierenden Phänomen: „Da außerkörperliche Erfahrungen offenbar in allen Kulturen der Erde und durch die ganze Menschheitsgeschichte hindurch aufgetreten sind, handelt es sich bei ihnen wohl um ein ‚archetypisches' Phänomen, wie es der Psychiater C. G. Jung bezeichnete – eine Erfahrung, zu der viele Angehörige der menschlichen Rasse potentiell Zugang haben, einfach weil sie Menschen sind."

Aus alten Kulturen wird uns häufig von außerkörperlichen Erfahrungen berichtet. So glaubten die Ägypter, daß jeder Mensch einen zweiten Körper, einen Astralleib – mit einer Vogelgestalt und einem menschlichen Gesicht –, besitze. Beim Tod soll dieser Astralleib, der *ba* genannt wurde, den physischen Körper verlassen, doch weiter in seiner Nähe schweben. Im Griechenland des 6. Jahrhunderts soll der Mystiker Hermotimos von Klazomenai weite Seelenreisen unternommen haben, während er seinen physischen Körper in der Obhut seiner Frau zurückließ. Doch eines Tages war sie der langen Abwesenheit überdrüssig und bat zwei Freunde, Hermotimos' Körper zu verstecken, weil sie hoffte, ihren Mann dadurch so zu erschrecken, daß er fortan zu Hause bliebe. Unglücklicherweise aber haßten die beiden sogenannten Freunde Hermotimos insgeheim und verbrannten seinen Körper. Und deshalb wandert nun seine Seele bis in alle Ewigkeit ziellos umher.

Im Alten Testament scheint eine Textstelle darauf hinzuweisen, daß der Prophet Elischa in seinem Astralkörper in das Schlafgemach des feindlichen syrischen Königs eindringen konnte, um seine Gespräche zu belauschen. Er erfuhr auch von den Kriegsplänen des Königs, worauf die Israeliten einen syrischen Angriff auf ihre Heimat vereiteln konnten.

In der christlichen Ära werden die Erscheinungen des auferstandenen Christus manchmal als Beweis für außerkörperliche Phänomene gewertet. Auch einige katholische Heilige sollen ihre Körper verlassen haben: So wird beispielsweise erzählt, der heilige Antonius von Padua habe an einem Tag des Jahres 1226 in einer Kirche im französischen Limoges gepredigt, als ihm plötzlich einfiel, daß er eigentlich zur selben Zeit in einem Kloster in einem anderen Teil von Limoges aus der Heiligen Schrift lesen sollte.

Daraufhin zog Antonius seine Kapuze über den Kopf und kniete einige Minuten schweigend nieder, während die Gläubigen ehrfürchtig und geduldig warteten. Im gleichen Augenblick aber soll der Heilige bei den Mönchen des Klosters erschienen sein und die vorgesehene Bibelstelle gelesen haben. Danach soll Antonius wieder entschwunden und in seinen knienden Körper in der Kirche zurückgekehrt sein, um mit seiner Predigt fortzufahren.

Die alten Ägypter glaubten, daß der Astralkörper oder „ba" ein vogelähnlicher Geist mit dem Kopf eines Menschen sei. Auf diesem farbigen Papyrus, der etwa aus dem Jahre 1250 v. Chr. stammt, hat der „ba" den physischen Körper verlassen und schwebt dicht über ihm.

Ähnliche Episoden werden über den heiligen Severus von Ravenna, den heiligen Ambrosius und den heiligen Clemens Romanus berichtet. Vom heiligen Alfons von Liguori erzählt man, er sei im Jahre 1774 eines Tages zusammengebrochen, nachdem er die Messe zelebriert hatte, und habe 24 Stunden in einer Ohnmacht gelegen. Als er wieder zu Bewußtsein gekommen war, sagte er, daß er am Sterbebett von Papst Klemens XIV. gewesen sei. Seine Schilderung davon und die genaue Todesstunde wurden später von einem päpstlichen Gesandten bestätigt. Darüber hinaus bezeugten jene, die am Sterbelager des Papstes zugegen gewesen waren, daß sie Alfons unter den Trauernden gesehen hätten.

Auch bei den Bauern Europas bestand in früheren Jahrhunderten der Glaube, daß ihre Seele während des Schlafes den Körper verlassen und umherwandern könne. Daraus entstand die Legende von einem zweiten Körper, ähnlich dem altägyptischen *ba:* In Deutschland nannte man ihn *Doppelgänger,* in Norwegen *vardygr,* in Schottland *taslach* und in England *fetch.* Diese Vorstellungen hielten sich in der westlichen Kultur vereinzelt bis ins 19. Jahrhundert.

Das gesamte Spektrum ähnlicher Phänomene rückte schließlich in den Mittelpunkt des öffentlichen Interesses, als der sogenannte Spiritismus sich zu entwickeln begann. Sein Ziel war die Kontaktaufnahme mit Verstorbenen, und seine Grundlehre lautete, daß alle Menschen nach ihrem Tod als Geistwesen mit besonderen Kräften weiterexistieren. In ihrem neuen Dasein entwickeln sich diese Geistwesen dann in einer Welt unbeschreiblicher Schönheit und Freude zu spiritueller Vollkommenheit. In Séancen können sie durch Medien den Lebenden ihre Erfahrungen übermitteln.

Der Spiritismus entstand zu Beginn der 50er Jahre des letzten Jahrhunderts und breitete sich über Amerika und Euro-

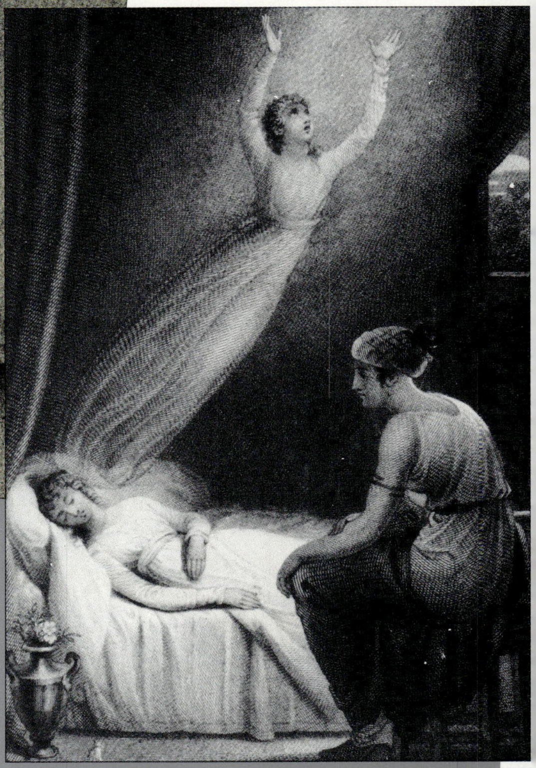

pa aus. Während seiner Blütezeit gab es allein in New York neben zahllosen Medien 40 000 überzeugte Spiritisten. Darüber hinaus glaubten viele Menschen an die Weiterexistenz als geistige Wesen, ohne formell Spiritisten zu sein. Aber auf beiden Seiten des Atlantiks wurden zahlreiche Betrüger entlarvt, und verantwortungsvolle Forscher erkannten schnell, daß sie das ganze Spiritismus-Phänomen einer ernsthaften methodischen Untersuchung unterziehen mußten, wenn es Glaubwürdigkeit erlangen sollte. Und so gründete im Jahre 1882 ein Kreis angesehener viktorianischer Zeitgenossen, die der Cambridge University nahestanden, die Society for Psychical Research (SPR), „um jene Gesamtheit der umstrittenen Phänomene, die als mesmerisch, paranormal und spiritistisch bezeichnet werden, ohne jegliche Vorurteile und Voreingenommenheit und im Geiste der exakten und leidenschaftslosen Forschung zu untersuchen, die es der Wissenschaft ermöglichte, so viele Probleme zu lösen". Der SPR gehörten einige der angesehensten Persönlichkeiten jener Zeit an: Arthur Balfour, später Premierminister Großbritanniens, der Philosoph Henry Sidgwick, seine Frau Eleanor, der die für eine Frau in jener Zeit außerordentliche Auszeichnung zuteil wurde, zur Rektorin eines Colleges in Cambridge ernannt zu werden, und der Physiker Sir Oliver Lodge, der Spiritist war, um mit seinem toten Sohn in Kontakt zu treten. Zusammen besaßen sie genügend gesellschaftlichen und intellektuellen Einfluß, um PSI-Forschungen durchzuführen, ohne deshalb

Darstellungen des Astralleibs aus verschiedenen Kulturkreisen (von links): Auf einer etruskischen Wandmalerei wird eine Seele von Furien davongetragen. Die Höhlenmalerei der Navajo aus dem 18. Jahrhundert zeigt eine Gestalt mit einer strahlenförmigen Aura. Die daneben abgebildete Seelenreise stammt von dem britischen Maler Henry Corbould, der im 19. Jahrhundert lebte, die zweite von dem irischen Dichter und Maler G. W. Russell aus dem frühen 20. Jahrhundert. Die Zeichnung des zeitgenössischen Eskimokünstlers Jessie Oonark stellt den magischen Flug eines Schamanen dar.

um ihren Ruf fürchten zu müssen. Im Jahre 1886 taten sich die SPR-Mitglieder Edmund Gurney, Frederic Myers und Frank Podmore zusammen, um *Phantasms of the Living*, ein monumentales zweibändiges Werk über das Phänomen von Erscheinungen Lebender, zu verfassen, an dem sie drei Jahre arbeiteten. Es enthielt eine große Zahl von Fallbeispielen – insgesamt 702 –, in denen es zumeist um „Krisenerscheinungen" ging, also Erscheinungen von Toten während des eigentlichen Sterbens oder kurz danach. Strenggenommen werden sie nicht als außerkörperliche Erfahrungen betrachtet, aber es gab auch eine Reihe anderer Fälle, in denen Erscheinungen Lebender weit entfernt vom jeweiligen Aufenthaltsort ihrer physischen Körper gesehen wurden. In manchen Fällen behaupteten Menschen sogar, mit ihrem körperlosen Selbst willentlich vor anderen erschienen zu sein. Ein solcher Fall wurde von einem SPR-Mitglied berichtet. Wie der Mann behauptete, hatte er einmal als Geistwesen zwei befreundeten Damen, die ungefähr drei Meilen von seinem Haus entfernt wohnten, einen Besuch in deren Schlafzimmer abgestattet. Später erfuhr er, daß sich seine Bekannten sehr erschreckt hatten, als sie ihn plötzlich im Abendanzug neben ihren Betten sahen.

Nach reiflicher Überlegung kamen die Verfasser von *Phantasms* zu dem Schluß, es komme zwar recht häufig vor, daß Menschen deutliche Sinneswahrnehmungen von Personen erhielten, die weit entfernt seien – möglicherweise aufgrund übernatürlicher Telepathie oder Gedankenübertragung –, doch diese Personen würden ihren Körper nicht wirklich verlassen. Andere, die ähnliche Phänomene untersuchten, gelangten aber zu anderen Überzeugungen; sie waren der festen Meinung, daß außerkörperliche Erfahrungen tatsächlich stattfinden.

So stellte beispielsweise der französische Forscher Adolphe d'Assier die Theorie auf, daß der physische Körper des Menschen ein Doppel enthalte, bei dem es sich um ein echtes physisches Wesen handele, das jedoch aus einer feinstofflicheren Substanz bestehe. Nach d'Assier kann dieses Doppel den Körper verlassen und den Tod überdauern. Schließlich wurde eine Anzahl von Forschern, unter ihnen auch Frederic Myers, zu Anhängern des Spiritismus; sie kamen zu dem Schluß, daß es überwältigende Beweise für ein Weiterexistieren nach dem physischen Tod gebe. Myers schrieb darüber in seinem Buch

Der angesehene britische Physiker Sir Oliver Lodge – hier mit seiner Sekretärin im Jahre 1936 – gehörte zu den ersten Mitgliedern der Society for Psychical Research. Sein Hauptinteresse galt dem Spiritismus.

Human Personality and Its Survival of Bodily Death, einem riesigen unvollendeten Werk, das nach seinem Tod im Jahre 1903 erschien. Er beschrieb darin die „Selbstprojektion" – wie er Seelenexkursionen nannte – als eine konkrete Handlung, zu der ein Mensch, wie es scheine, sowohl vor als auch nach seinem körperlichen Tod in der Lage sei.

Die Forschungen der britischen SPR fanden bald Unterstützung, denn 1885, also drei Jahre nach ihrer Gründung, wurde eine amerikanische Schwestergesellschaft, die American Society for Psychical Research (ASPR), gegründet. Gemeinsam trugen die Gesellschaften eine erstaunliche Menge an Material zusammen, das auf die tatsächliche Existenz außerkörperlicher Erfahrungen schließen ließ. Der Spiritismus hatte für diese Erlebnisse Erklärungen bereit, die sich in einigen Punkten mit der traditionellen christlichen Lehre vereinbaren ließen. Doch im späten 19. und zu Beginn des 20. Jahrhunderts entwickelten andere Anhänger dann völlig neue religiös-weltanschauliche Theorien, um das Phänomen zu erklären.

Eine der bekanntesten Theorien – und gewiß auch die umstrittenste – lieferte die Theosophie. Eine begeisterte Anhängerin dieser Lehre war Madame Helena Petrovna Blavatsky, eine russische Spiritistin, die schon die ganze Welt bereist und mehrere bigamistische Ehen hinter sich hatte, als sie 1873 völlig mittellos in New York eintraf. Ihre Berufung entdeckte sie durch eine zufällige Begegnung mit Oberst Henry Olcott, einem Rechtsanwalt und Journalisten, der ebenfalls ein Anhänger des Spiritismus war. Olcott war stark beeindruckt von den Fähigkeiten, die Madame Blavatsky anscheinend zu besitzen schien, und mit seinen finanziellen Mitteln gründeten die beiden 1875 die Theosophische Gesellschaft.

Der Begriff Theosophie ist dem Griechischen entlehnt und bedeutet soviel wie Gottesweisheit. Nach dem Willen von Madame Blavatsky sollte sich die Gesellschaft „aus gelehrten Okkultisten..., engagierten Altertumsforschern und Ägyptologen" zusammensetzen und dem Zwecke dienen, „einen experimentellen Vergleich zwischen Spiritismus und der Magie der Alten" anzustellen.

Was sich daraus entwickelte, war oft kurios, selbst wenn man die mitunter eigentümlichen Maßstäbe passionierter Spiritisten der damaligen Zeit berücksichtigte. Bei einem „experimentellen Vergleich" beispielsweise versetzte eine Gruppe eifriger Theosophen einer Katze einen leichten Stromschlag.

Die Katze erhob sich ein Stück in die Luft, woraus die Experimentatoren schlossen, daß diese Anhebung oder Levitation im Grunde ein elektrisches Phänomen sei. In der Hoffnung, dem Tier zu absoluter Schwerelosigkeit zu verhelfen, erhöhten sie die Stromstärke. Aber wie sie berichteten, verschied die arme Katze bedauerlicherweise plötzlich und unerwartet.

In den ersten Jahren fand die Theosophische Gesellschaft nur wenige Anhänger. Im Jahre 1877 veröffentlichte Madame Blavatsky ihr Werk *Die entschleierte Isis,* eine Studie über das

Madame Helena Petrovna Blavatsky, eine begeisterte Anhängerin östlicher Religionen, gründete 1875 die Theosophische Gesellschaft. Sie hatte ein lebhaftes Interesse an Astralreisen.

Okkulte, die, wie behauptet wurde, durch astrale Visionen inspiriert worden war. Wie Oberst Olcott berichtete, schrieb Madame Blavatsky „mit fliegender Feder . . . bis sie plötzlich innehielt, mit dem leeren Auge eines Sehers in den Raum starrte . . . und auf ihrem Papier niederzuschreiben begann, was sie sah".

Die entschleierte Isis ließ ihre Verfasserin als eine ungemein gelehrte Frau erscheinen, die in dem großen Bereich alter spiritueller Weisheiten äußerst bewandert war. Ein wichtiger Bestandteil der verlorenen Religionen der Antike seien, wie Madame Blavatsky in ihrem Werk ausführte, körperlose Wesen gewesen, und es habe in diesen Religionen sehr viel höher entwickelte Geistwesen gegeben als jene, die moderne „Schausteller" in ihren Séancen herbeiriefen. Sie behauptete, Verbindung mit diesen unsichtbaren und mächtigen Wesen zu haben und von ihnen auserwählt worden zu sein, um in der modernen Welt eine Wiederbelebung der Urwahrheiten zu bewirken.

Eine dieser Wahrheiten – zugleich eine zentrale Lehre der Theosophie – war, daß der Mensch nicht nur auf der rein physischen Ebene existiert, sondern auch auf vielen anderen, beispielsweise der Ebene des Astralleibs; dieser sei ein „feinstoffliches" Abbild des physischen Selbst, das sich weit entfernt von diesem aufhalten kann. Nach Madame Blavatsky wandert während des Schlafes der Astralleib eines jeden Menschen; die wahren Adepten jedoch könnten ihren Astralleib durch – wie sie es nannte – Astralprojektion aus ihrem physischen Körper bewußt heraustreten lassen. Darüber hinaus seien jene, die Erfahrung in den astralen Künsten hätten, in der Lage, die Astralleiber anderer Menschen bei hellichtem Tage zu sehen. Diese würden den physischen Körper wie ein vielfarbiger Lichtschein umgeben und offenbarten durch die Kombination der Farben das innerste Wesen des Menschen.

Dem Buch war ein mäßiger Erfolg beschieden, und die Gesellschaft gewann einige Anhänger hinzu. Doch als feindselige Kritiker nicht aufhörten, die Lehre als kompletten Unsinn zu verhöhnen, Madame Blavatsky des Betrugs beschuldigten und unerfreuliche Geschichten über ihre Vergangenheit veröffentlichten, da entschlossen sie und der Oberst sich, nach Indien zu gehen, wo, wie sie glaubten, niemand ihren Namen kennen würde.

Aber es dauerte nicht lange, da war der Name Blavatsky auch in Indien in aller Munde. Ihre Ideen und ihre Persönlichkeit waren so faszinierend, daß die Theosophie unter Indern und britischen Kolonialisten bald eine recht große Anhängerzahl fand. Größtenteils beruhte Madame Blavatskys Berühmtheit auf einer Reihe von angeblich wundersamen Phänomenen, bei-

Über Jahrhunderte galt die Zirbeldrüse als Drittes Auge – der Punkt, an dem sich Seele und Körper verbinden. Auf diesem Gemälde von Mihran K. Serailian aus dem Jahre 1962, das den Kopf der Minerva zeigt, strahlt die Zirbeldrüse (tiefblau in der Mitte) eine Aura aus, die die Hypophyse (rot) umschließt. Die gemeinsamen Kräfte dieser beiden Drüsen sollen verantwortlich sein für die wahre spirituelle Erleuchtung. Während außerkörperlicher Exkursionen verbindet angeblich eine Silberschnur, ausgehend vom Bereich des Dritten Auges, das spirituelle Selbst mit dem physischen Körper.

spielsweise einer Anzahl von Briefen, die wie durch Zauberei erschienen waren. Wie sie sagte, stammten sie von Unsterblichen, die im Himalaya lebten. Madame Blavatsky behauptete, Schülerin und ergebene Dienerin dieser Weisen zu sein, die als Mahatmas – oder Meister – bekannt waren. Wenig später fand ihre Bewegung den Weg zurück in den Westen und breitete sich in England, Frankreich und anderen europäischen Ländern aus. Im Jahre 1884 reisten Madame Blavatsky und Olcott nach Europa, um sich mit ihren neuen Jüngern zu treffen. Während ihres Aufenthalts besuchten sie in England auch die Society for Psychical Research, um Beweise für die Wunder vorzulegen, die sie beobachtet hatten.

Ob wohlgesonnen oder skeptisch, die SPR schickte jedenfalls Richard Hodgson nach Indien, um die angeblichen Beweise zu untersuchen. Sein Bericht war vernichtend. Ohne Umschweife stellte er fest, daß die sogenannten Mahatma-Briefe Betrug und das Ergebnis eines geschickten Tricks der Blavatsky waren. Wie Hodgson schloß, konnte man die Dame „weder als Sprachrohr verborgener Seher noch als bloße, gewöhnliche Abenteuerin" beschreiben. Seiner Meinung nach hatte sich die russische Spiritistin einen unsterblichen Namen „als eine der geschicktesten, genialsten und interessantesten Schwindlerinnen der Geschichte" gemacht.

Unbeeindruckt von dieser Einschätzung der SPR verbrachte Madame Blavatsky ihr restliches Leben weitgehend in England, hielt vor ihren unerschütterlichen Anhängern Vorträge und widmete sich ohne Unterlaß dem Schreiben. In ihrem letzten, umfangreichsten Werk mit dem Titel *Die Geheimlehre* entwarf sie ein kompliziertes okkultes System, das unter anderem einen Prozeß der spirituellen Entwicklung durch Reinkarnation beinhaltete.

Unabhängig von der Frage, ob Madame Blavatsky eine Betrügerin war oder nicht, weist doch der Kern ihrer Lehre – die Existenz eines Astralleibs, der sich unabhängig vom physischen Körper bewegen kann – bemerkenswerte Übereinstimmungen mit der Mehrzahl der Berichte über außerkörperliche Erfahrungen auf. Und was immer sie sich auch zuschulden kommen ließ, so lieferte sie doch willkommene Erklärungen für viele Astralreisende, die verunsichert worden waren.

Zumeist scheinen außerkörperliche Erfahrungen spontan aufzutreten und einmalig zu sein. Aber es gibt Menschen, die behaupten, ihren Körper regelmäßig zu verlassen und solche Erlebnisse willentlich herbeiführen zu können.

Der erste, der in jüngerer Vergangenheit angeblich regelmäßig Astralreisen unternahm, war der Engländer Hugh G. Calloway, der seine Erlebnisse später unter dem Pseudonym Oliver Fox niederschrieb. Calloway wurde 1885 geboren und war ein schwächliches, kränkelndes Kind. „Es ist wieder mal der Krupp", waren die ersten Worte, an die er sich erinnern konnte. Darüber hinaus träumte er lebhaft und litt vor allem unter Alpträumen. Calloway war noch sehr jung, als er begann, seine offenbar paranormalen Fähigkeiten zu entwickeln. Seine Träume begannen stets auf die gleiche Weise, mit kleinen blauen oder lilafarbenen Kreisen, die vibrierten und „an einen Haufen Froschlaich erinnerten", wie er es beschrieb. Die Kreise verwandelten sich entweder in kleine gläserne Tintenfässer – in diesem Fall verlief die Nacht relativ ruhig – oder aber in winzige, grinsende Gesichter mit stechenden blauen Augen, und dann hatte Calloway schlimme Alpträume. „Später vollbrachte ich ein Meisterstück kindlicher Magie", sagte Calloway. Als eines Tages die leeren Kreise wieder erschienen, befahl er ihnen einfach, sich in Tintenfässer zu verwandeln. „Und siehe da, es erschienen die kleinen Glasfäßchen, und ich hatte keinen Alptraum. Aber ich mußte mich sehr beeilen, weil sonst die grinsenden Gesichter schneller waren."

Im Alter von 13 Jahren verlor Calloway seine Mutter und sechs Monate später auch seinen Vater. Mit dem Jungen, der den Tod immer gefürchtet hatte, ging eine Wandlung vor sich, und er kehrte sich völlig nach innen. Später erinnerte er sich, wie er darüber nachgrübelte, daß er „jenseits des Grabes" gewiß seine Mutter wiedersehen würde. Dieser Gedanke nahm der geheimnisvollen jenseitigen Welt viel von ihrem Schrecken und weckte in dem Knaben ein großes Interesse an dem Leben nach dem Tod. „Wunderschöne Mutter, großer, allwissender Vater – wo waren sie jetzt?"

Mit dem Heranwachsen wurden Hugh Calloways Träume lebendiger und komplizierter. „Die meisten bestanden offensichtlich aus einem mehr oder weniger sinnlosen Wirrwarr", erinnerte er sich. Aber hie und da hatte er auch prophetische Träume, wenngleich es in ihnen nur um alltägliche Dinge ging. Gelegentlich erlebte er in seinen Träumen als Zuschauer geschichtliche Ereignisse, die weit zurücklagen. Und wenn er von seiner Mutter träumte, waren die Bilder so erfüllt von ihrer angenehmen Gegenwart, daß es ihm beim Erwachen schien, als habe er sie gerade verlassen. Dann setzten „Wissensträume" ein, wie er sie nannte, in denen er sich bewußt war, daß er

träumte. Während seines Studiums der Elektrotechnik an der Southampton University träumte er eines Nachts, er würde auf dem Bürgersteig vor seinem Schlafsaal auf dem Universitätsgelände stehen. Seine Empfindungen waren so intensiv, daß er wach zu sein glaubte, bis er bemerkte, daß die Steine, die in Wirklichkeit senkrecht zum Bordstein gesetzt waren, auf einmal parallel zueinander lagen. In dem Moment erkannte er, daß er träumte, und diese Erkenntnis gab ihm ein ungeheures Gefühl von Freiheit und Macht.

Wie Calloway sagte, hatte er auch später noch zahlreiche dieser Wissensträume, in denen ihm das Bewußtsein, daß er träumte, ermöglichte, nach Belieben zu handeln. So konnte er, wenn er es wollte, vom Boden emporsteigen und in einer Höhe von 30 Metern durch die Luft gleiten, oder er konnte durch Mauern gehen. Doch schließlich wurde er immer wieder von einer unbekannten Kraft in seinen Körper zurückgezogen, und wenn er versuchte, sich ihr zu widersetzen, begann sein Kopf heftig zu schmerzen.

Eines Nachts schließlich trotzte Calloway dieser Kraft. Er blieb willentlich in seinem Traum, bis der Schmerz mit einem merkwürdigen Klicken verschwand; jetzt wußte er, daß er sich endlich ganz von seinem physischen Selbst gelöst hatte. Schwierigkeiten gab es erst, als er in seinen Körper zurückzukehren versuchte und ihm das nicht gelang. Unter Aufbietung aller Kräfte schlüpfte er schließlich wieder zurück, mußte aber zu seinem Entsetzen feststellen, daß er keinen einzigen Muskel bewegen konnte. Als er sich intensiv auf das Anheben eines einzelnen Fingers konzentrierte, konnte er die Lähmung endlich überwinden. Zwar war ihm übel, doch das änderte nichts an seinem festen Entschluß, seine „Experimente", wie er sie nannte, fortzusetzen.

Natürlich gibt es für die Mehrzahl von Calloways Experimenten keine Beweise, aber er berichtete auch von Reisen, an denen andere Astralwanderer beteiligt waren, die ihrerseits bestätigten, daß sich ihre Erlebnisse mit seinen deckten. So hatten beispielsweise zwei Kommilitonen ebenfalls Interesse an Astralwanderungen, und eines Nachts beschloß das Trio, sich außerkörperlich auf dem Campus der Universität zu treffen. Calloway und einer seiner Freunde konnten dieses astrale Rendezvous einhalten – beide träumten in jener Nacht, wie sie an dem verabredeten Ort zusammenkamen.

Bei anderer Gelegenheit soll ein Mädchen namens Elsie, eine von Calloways ersten Freundinnen, eines Nachts in seinem Zimmer erschienen sein, nachdem die beiden am Abend zuvor Streit gehabt hatten, weil Elsie an der Wirklichkeit seiner Reisen zweifelte. Calloway hatte sie eine „engstirnige kleine Ignorantin" genannt, und daraufhin wollte ihm die junge Dame zeigen, wer der wirkliche Ignorant war. In jener Nacht sah Calloway in seinem Schlafraum eine große, eiförmige Wolke aus hellem bläulichweißem Licht, und in der Mitte stand Elsie im Nachthemd und mit offenen Haaren. „Sie schien vollkommen real zu sein, wie sie da an der Kommode gleich rechts von meinem Bett stand", sagte Calloway. „Und dort verharrte sie und betrachtete mich mit ruhigen, aber traurigen Augen, während sie mit dem Finger über ein Schreibpult strich, das auf der Kommode stand."

Calloway war weder in der Lage, sich zu rühren noch ein Wort zu sagen; es war die gleiche Lähmung, die er schon einmal bei einer früheren Astralreise erlebt hatte. „Zuletzt brach ich endlich den Bann", erzählte Calloway. „Ich stützte mich auf einen Ellbogen, rief ihren Namen, und da verschwand sie genauso plötzlich, wie sie gekommen war."

Als Calloway Elsie am folgenden Abend wiedertraf, rief sie: „Und ich bin tatsächlich bei dir gewesen. Ich habe es wirklich geschafft. Beim Einschlafen hatte ich es mir vorgenommen, und auf einmal war ich da. Heute morgen wußte ich genau, wie es in deinem Zimmer aussieht." Und Elsie, die noch nie Calloways Zimmer betreten hatte und auch seine Einrichtung nicht kannte, begann den Raum in allen Einzelheiten zu beschreiben. Sie vergaß nicht zu erwähnen, daß Calloway dort mit offenen Augen auf der linken Seite eines Doppelbettes gelegen und einen ziemlich verwirrten Eindruck gemacht habe.

„Ich war der lieben Elsie ewig dankbar, daß sie sich dieses eine Mal ‚sündhaft' benommen hatte", schrieb Calloway über dieses Erlebnis. „Denn ehrlich gesagt, zeigten zwar einige meiner Freunde Verständnis, aber ansonsten ließ sich die Welt einfach nicht von meiner großen Entdeckung beeindrucken... Als ich versuchte, etwas darüber zu veröffentlichen, da deutete mir ein Redakteur tatsächlich in widerlich-freundlicher Weise an, daß ich wohl einen Vogel hätte."

Ob Vogel oder nicht, Calloway setzte seine Versuche fort und übernahm als theoretisches Denkmodell Madame Blavatskys Lehre. Wie die Theosophen glaubte er, daß die meisten seiner Reisen auf der astralen Ebene stattfänden. Er behauptete, eine Technik erlernt zu haben, mit der es möglich sei, durch die höheren Ebenen des Daseins aufzusteigen. Eine Reise aber, die ihn an den Rand des Weltraums zu bringen schien, wo er einer ehrfurchteinflößenden Sequenz konzentrischer Lichtkreise begegnete, versetzte ihn in heftigen Schrecken. Wie Calloway berichtete, hatte er auch gelernt, sich im Wachzustand in Trance zu versetzen, und schließlich perfektionierte er eine Methode, den Körper durch seine Zirbeldrüsentür, wie er es nannte, zu verlassen. (Die Zirbeldrüse liegt im hinteren Teil des Zwischenhirns und wurde früher von manchen als Sitz der Seele betrachtet. Schon seit langem glaubt man, daß sie möglicherweise die organische Komponente für außerkörperliche Erfahrungen sein könnte.)

Calloways Astralwanderungen führten ihn in immer weitere Entfernungen. Einmal fand er sich, wie er schrieb, inmitten einer funkelnden orientalischen Stadt wieder, in der es reichgeschmückte Basare und eine riesige, schwarze Elefantenstatue gab. Als er bei anderer Gelegenheit unbedingt eine Reise in einen tibetischen Tempel unternehmen wollte, schien es ihm, als fiele er in eine unendliche Dunkelheit und Stille, bis er sich schließlich in einer entsetzlichen Folterkammer wiederfand. Er war nackt auf eine Folterbank gebunden und blutete aus Wunden und Verbrennungen, die ihm verhüllte Inquisitoren zugefügt hatten. Sie wollten ihn zwingen, sich von seiner wahren Identität loszusagen, und als er sich weigerte, wurde er sofort in den Wachzustand seines physischen Körpers zurückversetzt.

In seinem Buch schlug Calloway auch einige Methoden vor, mit denen sich außerkörperliche Erfahrungen herbeiführen ließen. So beschrieb er beispielsweise, wie man Wissensträume hervorrufen könne („schicken Sie den Körper schlafen, während Sie den Geist wachhalten“) oder wie man die Zirbeldrüsentür passiert („konzentrieren Sie sich auf eine imaginäre Falltür im Gehirn“). Er fügte aber hinzu, daß außerkörperliche Erfahrungen nicht für jedermann geeignet seien. Wer beispielsweise ein schwaches Herz habe, solle keine praktischen Erfahrungen mit der Abspaltung suchen, ebensowenig leicht erregbare, nervöse Menschen.

In den 20er Jahren berichtete Calloway in einer englischen esoterischen Zeitschrift über seine außerkörperlichen Erfahrungen, und 1938 veröffentlichte er unter dem Pseudonym Oliver Fox ein Buch. Aber danach wurden Calloways Berichte durch die Schilderungen des jungen Amerikaners Sylvan Joseph Muldoon in den Hintergrund gedrängt.

Der um etwa 1903 geborene Muldoon war ein eifriger Schüler des Okkulten. Als er 1927 in einem Buch des bekännten britischen PSI-Forschers Hereward Carrington las, der Franzose Charles Lancelin habe fast alles niedergeschrieben, was über die Astralprojektion bekannt sei, schrieb Muldoon sofort an Carrington und teilte ihm mit, daß er ein ganzes Buch mit Material füllen könne, das Lancelin unbekannt sei. Carrington war fasziniert, und bald arbeitete er zusammen mit Muldoon an einem Buch mit dem Titel *Die Aussendung des Astralkörpers*, das über die Erfahrungen des jungen Mannes berichtete. Das Buch erschien 1929 und löste unter den verhältnismäßig wenigen AKE-Enthusiasten eine kleine Sensation aus.

Nach eigenen Angaben hatte Muldoon seine erste außerkörperliche Erfahrung im Alter von zwölf Jahren gemacht. Seine Mutter war aktive Spiritistin und hatte ihn in ein Camp der Spiritualist Association in Clinton im US-Bundesstaat Iowa mitgenommen. In der ersten Nacht wachte Muldoon mit einem großen Schrecken auf und war außerstande, sich zu bewegen. Später erinnerte er sich an die folgenden Einzelheiten: „Mein ganzer erstarrter Körper – ich dachte, es sei mein physischer Körper, aber es war mein Astralkörper – begann mit großer Geschwindigkeit in Schwingung zu geraten, und zwar bewegte er sich auf und ab, und ich fühlte einen starken Druck im Nakken ... Das Gehör begann wieder, Laute wahrzunehmen ... als ich auch plötzlich sehen konnte. Und da war ich sehr erstaunt! ... Ich schwebte in der Luft, in steifer waagerechter Lage, ein paar Fuß über dem Bett ... Unwillkürlich wurde ich etwa sechs Fuß über dem Bett ... aus der waagerechten in die senkrechte Lage aufgerichtet und auf den Fußboden des Zimmers gestellt ... Es gelang mir, mich umzudrehen ... Da war ein zweites Ich, das ruhig auf dem Bett lag ... Meine beiden gleichartigen Körper waren durch ein dehnbares Kabel verbunden ... Dieses Kabel erstreckte sich über eine Entfernung von etwa sechs Fuß zwischen den beiden Körpern ... Mein erster Gedanke war, daß ich während des Schlafes gestorben sei.“

Der körperlose Muldoon schwebte in das Zimmer, in dem seine Mutter schlief, und versuchte sie wachzurütteln. Doch seine Hände faßten durch ihren Körper hindurch, und nicht anders erging es ihm bei den anderen Menschen, die er zu wecken versuchte. Er begann zu weinen und wanderte eine Viertelstunde umher. Dann spürte er, wie er von dem Kabel in seinen Körper zurückgezogen wurde. „Im Augenblick der Vereinigung“, schrieb er später über diese Phase seiner Astralreise, „zuckte jeder Muskel des physischen Körpers, und ein durchdringender Schmerz, als ob ich von Kopf bis Fuß gespalten

Diese Photos aus den späten 90er Jahren des 19. Jahrhunderts zeigen angeblich eine außerkörperliche Erfahrung der französischen Sensitiven Madame Lambert. Sie gehörten zu den ersten Versuchen, mit denen die Existenz eines Astralleibes bewiesen werden sollte. Auf dem rechten Bild scheinen die Umrisse einer menschlichen Gestalt erkennbar zu sein, während auf dem anderen nur eine amorphe Masse zu sehen ist. Dies soll auf die schwankenden Bewegungen des Astralkörpers zurückzuführen sein.

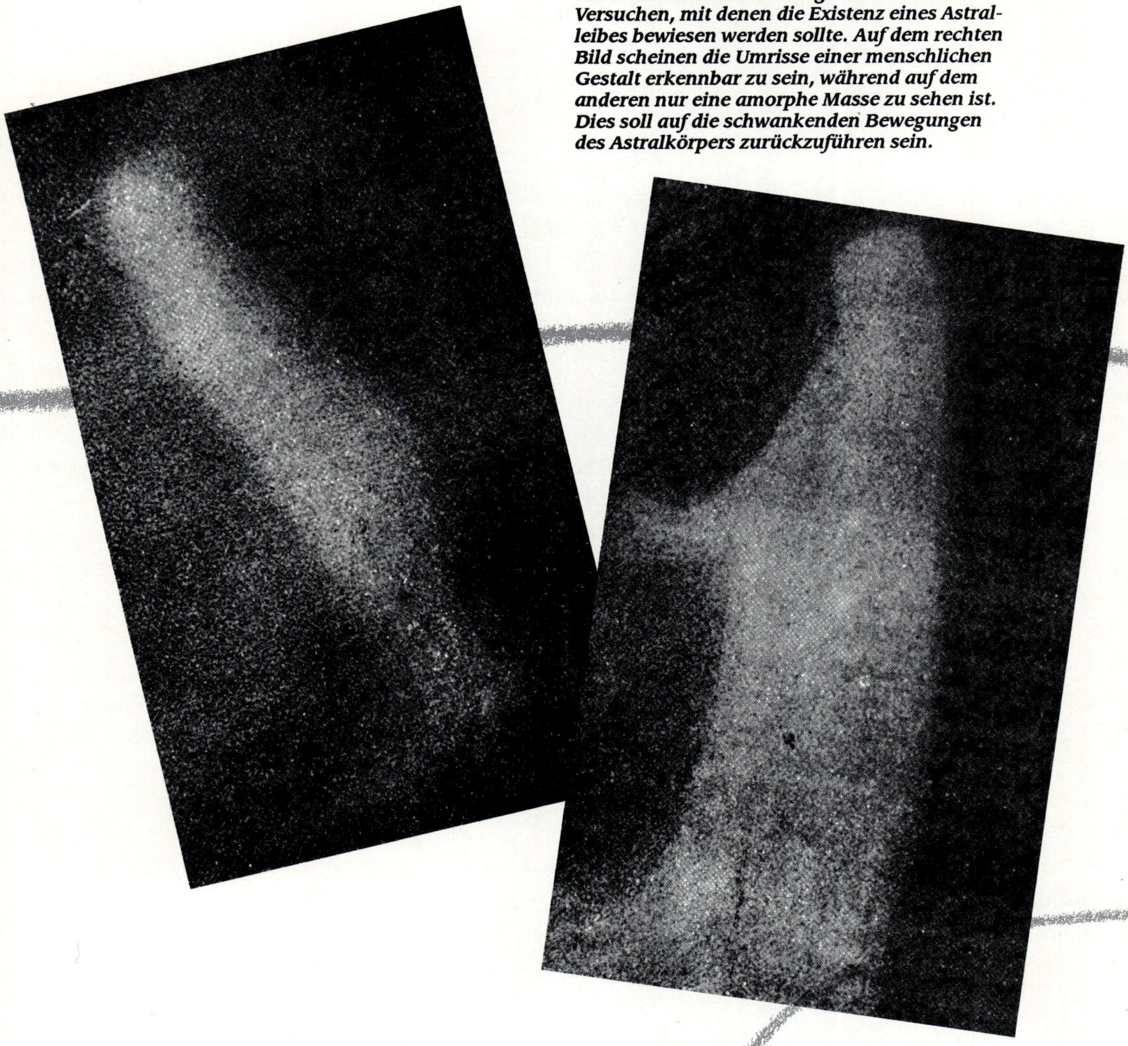

würde, durchschoß mich. Ich war physisch wieder am Leben, ebenso erstaunt wie furchtsam, und während des ganzen Geschehens hatte ich das Bewußtsein behalten."

Nachdem er sich von dem anfänglichen Schock erholt hatte, erlebte Muldoon angeblich noch Hunderte von Astralwanderungen. Die bemerkenswerteste ereignete sich 1924. Der damals 21jährige Muldoon hatte nach dem Abendessen noch einen Spaziergang gemacht, doch er fühlte sich lustlos und einsam. Bald kehrte er wieder nach Hause zurück, ging in sein Zimmer, verschloß die Tür und warf sich auf sein Bett. Kurz darauf begann sein Körper gefühllos zu werden, und er wußte, daß ein Austritt unmittelbar bevorstand.

Augenblicke später spürte er, wie sein Körper emporgehoben wurde, zuerst waagerecht, dann in eine aufrechte Haltung, in der er sich frei bewegen konnte. Nachdem er kurze Zeit im Haus umhergewandert war, trat er hinaus auf die Straße und wurde plötzlich mit einer phantastischen Geschwindigkeit an einen fremden Ort getragen, bis zu einem Bauernhaus, in dessen Raum sich vier Menschen befanden. Unter ihnen war ein hübsches, junges Mädchen von etwa 17 Jahren. Sie nähte, wie Muldoon sah, an einem schwarzen Kleid. Er schwebte direkt zu ihr hin, schaute ihr kurze Zeit zu und nahm dann erst die Einrichtung des Raumes näher in Augenschein. In diesem Moment wurde Muldoon klar, daß er kein Recht hatte, sich dort aufzuhalten. Er blickte ein letztes Mal umher und verließ das Haus. Wenig später kehrte er nach Hause in seinen Körper zurück.

Wie Muldoon berichtet, hatte er nach einigen Wochen das Erlebnis fast vergessen, als er zufällig das Mädchen wiedersah. Er fragte sie, wo sie wohne, aber sie erwiderte, daß ihn das gar nichts anginge. Daraufhin beschrieb Muldoon ihr in allen Einzelheiten ihr Zuhause. Was die junge Dame dazu sagte, ist nicht bekannt. Jedenfalls freundeten beide sich an, und er besuchte sie mehrere Male in ihrem Haus, das etwa 25 Kilometer von seinem entfernt lag. Muldoon sagte, daß er alles wiedererkannt habe, was er damals auf seiner Astralreise gesehen hatte.

Im Gegensatz zu Calloway, der zur Vorsicht riet, forderte Muldoon seine Leser auf, es selbst mit Astralreisen zu probieren, und schlug dazu geeignete Methoden vor. Wie er sagte, solle man versuchen, im Moment des Einschlafens voll bewußt zu bleiben und einen Traum auszulösen, in dem man entweder emporsteigt, fliegt oder in einem Aufzug nach oben fährt. Muldoon glaubte auch, daß die meisten Menschen leichte Formen der außerkörperlichen Erfahrung erleben, ohne sich dessen je bewußt zu werden. So betrachtete er beispielsweise eine Ohnmacht oder ein Zucken kurz vor dem Einschlafen als eine teilweise Abspaltung vom physischen Körper.

Muldoon und Carrington verfaßten später zusammen noch ein weiteres Buch, das zahlreiche außerkörperliche Erfahrungsberichte enthielt und sich mit vielen ihrer Aspekte beschäftigte. Vermutlich waren ihre Untersuchungen während des Zweiten Weltkriegs die meistgelesenen auf diesem Gebiet. Fragt man sich nach dem bekanntesten Astralwanderer neben Muldoon, wird man wahrscheinlich auf Robert Monroe verwiesen, einen ehemaligen Werbefachmann, der nach eigenen Angaben seine erste außerkörperliche Erfahrung 1958 machte, als er immerhin schon 43 Jahre alt war. Monroe war in jeder Hinsicht ein ganz normaler, durchschnittlicher Geschäftsmann: Collegeabschluß, verheiratet, Kinder – ein Mann ohne Laster oder Besonderheiten. Seine einzige „unorthodoxe Tätigkeit“, wie er es ausdrückte, waren seine Experimente mit der Methode des Datenlernens während des Schlafs, wobei er seine eigene Versuchsperson war.

Monroe glaubte, daß diese Experimente, während derer er sich im Schlaf Kassetten anhörte, möglicherweise etwas mit seinen ersten außerkörperlichen Erfahrungen zu tun hatten. Die ungewöhnlichen Ereignisse begannen damit, daß ihn eines Sonntags nach einem späten Frühstück „ein heftiger, eisenharter Krampf“ überkam, „der sich über mein Zwerchfell oder das Gebiet des Solarplexus genau unter dem Brustkasten hinzog. Es war ein festes Band von nicht nachlassendem Schmerz“, wie er sagte. Zuerst glaubte Monroe, es sei eine Lebensmittelvergiftung, aber kein anderes Mitglied der Familie fühlte sich krank. Der Krampf dauerte von 13.30 Uhr bis Mitternacht, dann schlief Monroe vor Erschöpfung ein. Am nächsten Morgen ging es ihm wieder gut, und abgesehen von dem Gefühl eines inneren Wundseins spürte er keinerlei Nachwirkungen dieses Zwischenfalls. „In der Rückschau“, meinte Monroe trocken, „könnte es die Berührung eines Zauberstabs gewesen sein – oder eines Vorschlaghammers.“

Drei Wochen später, wiederum an einem Sonntagnachmittag, berührte ihn dieser Zauberstab – oder was immer es war – erneut. Er hatte sich hingelegt, als plötzlich ein Strahl aus dem Himmel zu kommen schien und seinen Körper traf, der heftig zu vibrieren begann. „Ich war völlig unfähig, mich zu bewegen“, berichtete Monroe, „so, als ob ich in einen Schraubstock eingespannt wäre.“ Die Vibration hielt seiner Beschreibung nach nur einige Sekunden an, dann verebbte sie.

Während der folgenden sechs Wochen trat diese Vibration neun weitere Male auf – immer dann, wenn Monroe sich zum Ausruhen oder Schlafen hingelegt hatte – und verschwand, sobald er sich mühsam aufsetzte. Einmal, so sagte er, entwickelten sich die Vibrationen zu einem Ring von Funken, und Monroes Körper bildete die Achse in der Mitte des Rings. „Der Ring begann am Kopf und kreiste langsam zu meinen Zehen hinunter, dann zurück zum Kopf; dabei behielt er seinen regelmäßigen Schwingungsrhythmus... Wenn der Ring über meinen Kopf wanderte, rauschte ein großes Brausen auf, und ich empfand die Schwingungen im Gehirn.“

Äußerst besorgt ging Monroe zu seinem Hausarzt, der ihm jedoch versicherte, daß er sich nicht in den ersten Stadien der Schizophrenie befinde. Um auszuschließen, daß irgendein körperliches Leiden Ursache seiner einzigartigen Symptome sei, ließ sich Monroe gründlich untersuchen. Es waren aber weder epileptische Anfälle noch ein Gehirntumor, kurzum – Monroe war vollkommen gesund. Der Arzt riet ihm, weniger zu arbeiten, mehr zu schlafen und etwas abzunehmen.

Die Schwingungen traten weiterhin auf. Eines Nachts lag Monroe im Bett und wartete, daß sie vorübergingen, als sein Arm den Boden streifte und er die Finger gegen den Teppich drückte. Es war, als ob sie geradewegs durch den Teppich griffen. Monroe schob seine Hand weiter nach unten, und seine Finger glitten durch den Fußboden. Darunter fühlte er ein kleines Stück Holz, einen verbogenen Nagel und etwas Sägemehl. Dann bemerkte Monroe, daß er seinen ganzen Arm durch den Boden gestreckt hatte und seine Hand Wasser berührte.

Monroe war perplex. „Ich war hellwach“, erinnerte er sich später. „Ich sah die mondhelle Landschaft durchs Fenster. Ich fühlte, wie ich auf dem Bett lag, die Decke über meinem Körper, das Kissen unter dem Kopf, die Brust mit dem Atem sich hebend und senkend. Die Vibrationen waren noch da, doch weniger stark." Monroe fragte sich deshalb verwundert, wie er hellwach sein und trotzdem „träumen" konnte, daß er seinen Arm durch den Fußboden steckte.

Monroe erzählte die Episode einem Psychologen, der ihm beipflichtete, daß dies ein sehr überzeugender Tagtraum gewesen sei – falls es sich um einen solchen gehandelt habe. Halb im Scherz schlug er vor, Monroe solle unter dem Fußboden nachsehen, was sich dort befinde.

Etwa einen Monat später stellten sich die Vibrationen wieder ein, und nach kurzer Zeit fühlte Monroe, daß etwas gegen seine Schulter drückte. Es war glatt, und daher glaubte er, es wäre die Wand. Doch als er sich umschaute, stellte er fest, daß diese Wand weder Fenster noch Türen hatte und auch keine Möbel dort standen. „Es war die Zimmerdecke", sagte Monroe. „Ich schwebte unter der Decke und stieß sanft dagegen, sobald ich mich bewegte. Ich drehte mich in der Luft, und verblüfft, wie ich war, blickte ich abwärts. Dort in dem matten Licht stand unter mir das Bett. Es lagen zwei Gestalten darin. Rechts war meine Frau. Neben ihr lag jemand anderes... Ich schaute genauer hin, und der Schock war heftig. Ich war der Jemand da im Bett!"

Monroe war vor Schrecken wie betäubt. „Hier war ich, dort war mein Körper. Ich starb. Das war der Tod. Und ich war noch nicht bereit zu sterben... Verzweifelt schoß ich wie ein Taucher zu meinem Körper hinab und tauchte hinein. Dann fühlte ich das Bett und die Decke, und als ich die Augen öffnete, sah ich

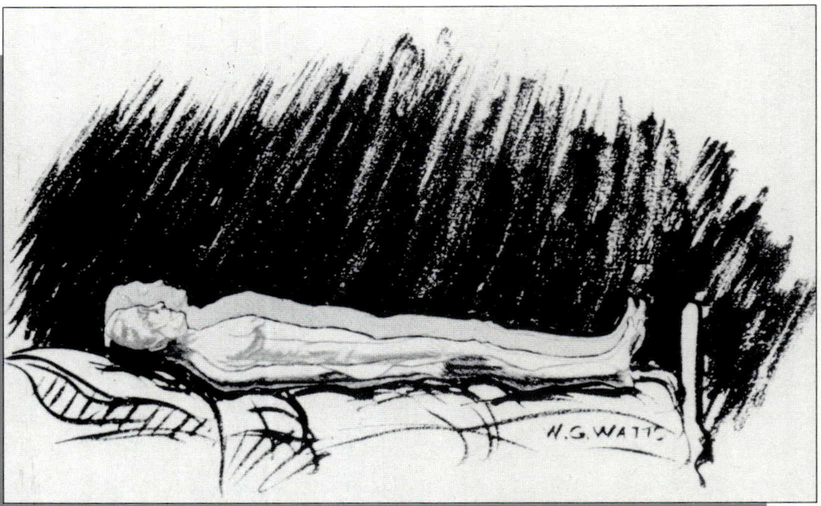

In seinem 1929 erschienenen Buch **Die Aussendung des Astralkörpers** *demonstrierte der PSI-Reisende Sylvan Muldoon (links) anhand dieser Illustrationen, wie sich der Astralleib bei einem Austritt löst. Zuerst (im Uhrzeigersinn) spaltet er sich ab, dann steigt er über dem physischen Körper waagerecht nach oben, entfernt sich und richtet sich dabei auf. Bei der Rückkehr des Astralleibs zum physischen Selbst verläuft der Prozeß in umgekehrter Reihenfolge bis zur Vereinigung der beiden Körper. Während des Austritts sind sie durch eine elastische silberne Schnur verbunden.*

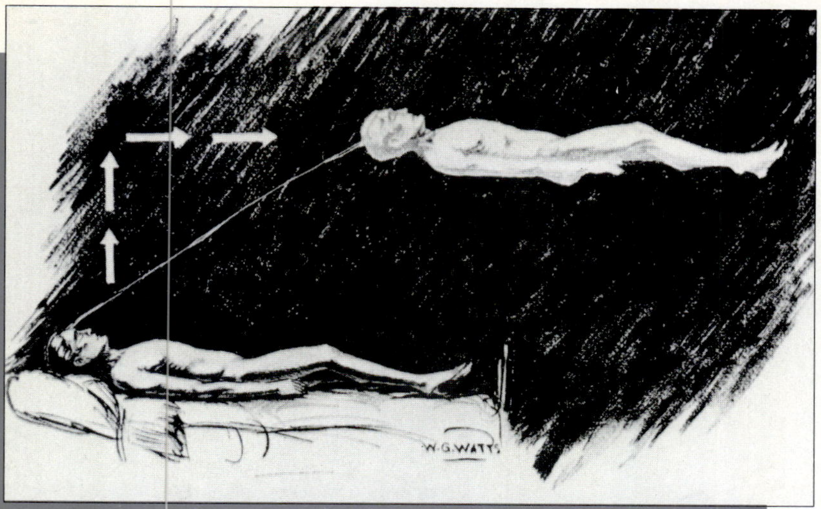

das Zimmer aus der Perspektive meines Bettes."

Als Monroe das nächstemal den befreundeten Psychologen traf, erzählte er sein Erlebnis und sagte, daß er noch nicht sterben wolle. „Ach, ich glaube nicht, daß Sie das dabei tun würden", erwiderte der Psychologe gelassen. „Einige von diesen Burschen, die Yoga und diese orientalischen Religionen praktizieren, behaupten, sie könnten es immer tun." „Was tun?" erkundigte sich Monroe. „Na, für eine Weile den physischen Leib verlassen", antwortete der Psychologe. „Sie behaupten, sie könnten überall hingehen. Das müßten Sie mal versuchen."

Diesen Rat befolgte Monroe. In den folgenden Jahren widmete er sich der gründlichen und systematischen Erforschung außerkörperlicher Erfahrungen. Er schrieb seine Reisen in allen Einzelheiten nieder, und wenn möglich fügte er den Schilderungen alle nachprüfbaren Informationen über jene Orte hinzu, die er aufgesucht hatte. Monroe sagte, er habe verschiedene Dimensionen bereist,

die er Schauplatz I, II und III nannte. Schauplatz I war die Welt, wie wir sie kennen, und gewöhnlich begab sich Monroe auf seinen Wanderungen an relativ vertraute Plätze, die nicht weit von seinem Heim entfernt lagen. Schauplatz II aber war etwas ganz anderes.

Da Monroe Schwierigkeiten hatte, diesen Platz zu beschreiben, wählte er seine Worte mit Bedacht aus.

„Die beste Einführung in den Schauplatz II ist", so sagte er, „sich einen Raum vorzustellen, bei dem ein Schild über der Tür sagt: ‚Bitte überprüfen Sie hier alle physischen Begriffe.'" Dann fuhr er in seiner Beschreibung fort: „Schauplatz II ist eine nichtmaterielle Welt, deren

Bewegungs- und Materiengesetze nur in entfernter Verbindung mit denen der sinnlich wahrnehmbaren Welt stehen. Es ist eine Unermeßlichkeit, deren Grenzen (dem berichtenden Experimentator) unbekannt sind und deren Tiefe und Dimension dem endlichen bewußten Geist unverständlich bleiben. In dieser Grenzenlosigkeit liegen alle Aspekte, die wir Himmel und Hölle zuschreiben, doch sind sie nur ein Teil von Schauplatz II. Er ist bewohnt von Wesen (wenn dies das richtige Wort ist) mit unterschiedlicher Intelligenz, mit denen Kommunikation möglich ist...

„Ein Hauptgesetz scheint allen anderen übergeordnet zu sein", fuhr Monroe fort. „Schauplatz II ist ein Seinszustand, wo das, was wir als Denken bezeichnen, der Urquell des Daseins ist. Es ist die lebenswichtige

Als der Geschäftsmann Robert Monroe 1958 seine erste außerkörperliche Erfahrung machte, war er bereits in mittleren Jahren. Er glaubte zu halluzinieren oder verrückt zu werden. Nachdem er den ersten Schock überwunden hatte, begann Monroe seine neuen Fähigkeiten zu untersuchen und war begeistert von seinen Entdeckungen. Er verfaßte genaue Berichte über seine Erfahrungen und beteiligte sich an Laborversuchen zur Erforschung dieses Phänomens. Im Jahre 1971 veröffentlichte Monroe sein Buch „Der Mann mit den zwei Leben", in dem er seine Astralreisen zu anderen Dimensionen und seine Techniken zur Herbeiführung von AKEs schilderte (gegenüberliegende Seite).

schöpferische Kraft, die Energie erzeugt, ‚Materie' zu Form zusammensetzt und Wege zur Wahrnehmung und Kommunikation bietet... In dieser Umgebung gibt es keine mechanischen Ergänzungen... Man *denkt* die Bewegung, und sie ist Tatsache."

Schauplatz III, in den Monroe einige Male eindrang, schien dagegen beinahe irdisch. Diese dritte Dimension war nach seinen Worten „eine physikalisch-materielle Welt, die der unseren fast gleich ist... Es gibt Bäume, Häuser, Städte, Leute, Geräte und all das Zubehör einer einigermaßen zivilisierten Gesellschaft." Aber in Schauplatz III besaßen die Bewohner weder Elektrizität noch fossile Brennstoffe, statt dessen nutzten sie angeblich eine Art von Atomenergie.

Hier begegnete der körperlose Monroe einem anderen, „der nur als das ‚Ich', das ‚dort' lebt, bezeichnet werden kann". Monroe konnte sich dies nur so erklären, daß er „dort" zu einer Person hingezogen wurde, die seinem Ich auf unserer Welt sehr ähnlich war und deren Identität er vorübergehend übernahm. Monroes Gegenstück in Schauplatz III – er nannte ihn sein „Ich-Dort" – war Architekt. Er wohnte in einem Apartmenthaus und fuhr mit dem Bus zur Arbeit. Der Mann war gebildet, eher introvertiert und finanziell nicht sehr gut gestellt. In der Zeit, während Monroe sich in Schauplatz III befand, heiratete sein „Ich-Dort" eine junge Frau namens Lea, die reich, aber depressiv war und zwei Kinder aus einer früheren Ehe mitbrachte. Die Verbindung erwies sich als nicht gut, und man trennte sich wieder. Monroes „Ich-Dort" war unglücklich über die Entfremdung und versprach Lea, sie zu besuchen, aber er verlor ihre Adresse. Kurze Zeit danach hörten Monroes Besuche in Schauplatz III auf.

In einer Bewertung seiner Erlebnisse meinte Monroe, da die Umstände nicht sehr angenehm gewesen seien, habe es sich wohl kaum um eine Art Flucht aus der Wirklichkeit mittels des Unbewußten gehandelt. „Man kann nur Vermutungen anstellen", sagte er, „und solche Vermutungen müssen Vorstellungen berücksichtigen, die für die heutige Naturwissenschaft unannehmbar sind... Die wichtigste Annahme ist, daß Schau-

Monroes Technik für Astralreisen

Im folgenden ist die Technik wiedergegeben, mit der Robert Monroe eine Astralreise bewirkte. Ein eigener Versuch sollte aber – wenn überhaupt – nur unter Anleitung eines Experten stattfinden.

1. Man legt sich in einem warmen, dunklen Raum, in dem niemand stören kann, in bequemer Lage hin; der Kopf soll nach Norden zeigen. Eng anliegende Kleidung wird aufgeknöpft oder gelockert, Schmuck abgelegt.

2. Nun entspannt man sich körperlich und geistig, schließt die Augen und atmet gleichmäßig und mit leicht geöffnetem Mund.

3. Man konzentriert sich auf ein inneres Bild, während man einschlummert. Ist die Grenze zwischen Wachsein und Schlaf erreicht, intensiviert man die Entspannung, indem man sich auf das Dunkel hinter den Augenlidern konzentriert.

4. Um die Schwingungen herbeizubeschwören, die angeblich den Beginn einer Astralreise signalisieren, konzentriert man sich auf einen imaginären, etwa 30 cm vom Kopf entfernten Punkt. Man verlängert diese Distanz allmählich auf etwa 1,80 m und stellt sich eine parallel zum Körper verlaufende Ebene vor. Nun konzentriert man sich auf diese Ebene, imaginiert Schwingungen und holt sie herab in den Kopf.

5. Man versucht, die Schwingungen zu steuern und durch den Körper zu leiten, und zwar vom Kopf zu den Zehen und wieder zurück. Sobald sich diese Schwingungen nach Wunsch erzeugen lassen, kann man die Astralreise beginnen.

6. Um den Körper verlassen zu können, konzentriert man sich jetzt auf die angenehme Vorstellung des Aufwärtsschwebens. Bei genügend intensiver Konzentration sollte der Astralleib nun seine Reise beginnen.

7. Um zur Körperlichkeit zurückzukehren, konzentriert man sich auf die Wiedervereinigung von physischem Körper und Astralleib.

platz III und Schauplatz I (das Hier und Jetzt) nicht dasselbe sind... Aber was ist Schauplatz III, wenn er weder die bekannte Vergangenheit noch die Gegenwart und auch nicht die vermutliche Zukunft von Schauplatz I darstellt?" Monroe interpretiert dies so, daß es sich bei diesem Schauplatz vielleicht um eine rassische oder sonstwie geartete Erinnerung an eine Erdzivilisation handele, die vor der uns bekannten Menschheitsgeschichte liege. Oder es sei eine erdenähnliche Welt, die in einem anderen Teil des Universums liege und durch einen veränderten Bewußtseinszustand erreichbar sei. Es könne auch ein antimaterielles Duplikat der physischen Erdenwelt sein, wo wir die gleichen und doch anders sind und durch eine Kraft verbunden, die unser heutiges Begriffsvermögen übersteige.

Trotz der Verzückung über die Wunder seiner Astralreisen analysierte Monroe seine Erlebnisse peinlich genau. In seinem 1971 erschienenen Buch *Der Mann mit den zwei Leben* hielt er jede Kleinigkeit fest und erstellte sogar eine ausführliche Statistik seiner Wanderungen. In einer Übersicht finden sich die „physischen Bedingungen": Es war zumeist warm (96,2 Prozent), und die Erlebnisse fanden etwa zu gleichen Teilen während des Tages (42,2 Prozent) und nachts (57,8 Prozent) statt. Monroe befand sich immer in liegender Position (100 Prozent), gewöhnlich in Nord-Süd-Richtung (62,4 Prozent). Luftfeuchtigkeit und Luftdruck hatten keine feststellbare Auswirkung. Monroe setzte seine Messungen fort und stellte mit akribischer Genauigkeit weitere Statistiken auf: Er hielt den Grad seiner Müdigkeit, seine seelische Verfassung und seine Eßgewohnheiten fest und notierte, in welchem Zusammenhang sie mit seinen außerkörperlichen Erfahrungen standen. Dadurch versuchte er Erkenntnisse über seine Seelenexkursionen zu erlangen, aber zweifellos wollte er damit auch seinen Studien einen wissenschaftlichen Anstrich geben.

In den 70er Jahren widmete Monroe sich ganz den außerkörperlichen Erfahrungen und anderen paranormalen Phänomenen. Im ländlichen Virginia gründete er das Monroe Institute for Applied Sciences, wo er Techniken lehrte, mit deren Hilfe man außerkörperliche Erlebnisse und andere veränderte Bewußtseinszustände erreichen konnte. Monroes Methoden seiner ersten eigenen AKEs waren denen von Calloway und Muldoon sehr ähnlich. Doch für die Schüler des Instituts entwickelte er Kassetten, auf denen die Anleitungen mit verschiedenartigen Klängen kombiniert wurden. Wie Monroe sagte, waren sie so konzipiert, daß sie die elektrischen Impulse der rechten und linken Gehirnhälfte synchronisierten und damit den Hörer in die Lage versetzten, sein inneres Selbst ohne Widerstand des Gehirns zu erforschen. Dies war eine interessante Vorgehensweise; die Methode führte aber nicht in jedem Fall zu außerkörperlichen Erfahrungen. Manche dieser Kassetten waren sogar speziell zusammengestellt, um Schlafstörungen zu beheben oder die Leistungen bei Sportarten wie Tennis und Golf zu verbessern.

Gewiß hatte Monroe auch Gegner. Ein Forscher, der Monroes außerkörperliche Besuche bei Freunden überprüfen wollte, fand niemanden, der seine Behauptungen bestätigen konnte. Ein anderer beschuldigte Monroe, er würde übertreiben und die Schilderungen seiner außerkörperlichen Erfahrungen romantisieren. Dennoch wurde das Monroe Institute 1982 zusammen mit dem University of Kansas Medical Center eingeladen, bei einer Tagung der American Psychiatric Association drei Vorträge über außerkörperliche Erfahrungen zu halten. Obgleich die Veranstaltung morgens um 8 Uhr angesetzt war, fanden sich über hundert interessierte Zuhörer ein.

Monroe hob hervor, daß durch die Einladung zu der Psychiatrie-Tagung seine Idee des Astralreisens eine Art Anerkennung erfahren habe. „Allein die Tatsache, daß dieses Thema auf die Tagesordnung gesetzt und vorgetragen wurde", so versicherte er, „war eine Bestätigung dafür, daß solche Phänomene existieren." Tatsächlich sind alle geistig-psychischen Prozesse für die Medizin von Interesse, und außerkörperliche Erfahrungen können als veränderte Bewußtseinszustände angesehen werden. Lediglich die Frage, inwieweit sie über das Reich der Träume und Halluzinationen hinausgehen, bleibt unter den Forschern, die Antworten in den Berichten vermeintlicher Astralwanderer suchen, weiter umstritten.

Die vielleicht bemerkenswertesten Aspekte bei den drei Meistern des Astralwanderns – Calloway, Muldoon und Monroe – sind die Gemeinsamkeiten in ihren Schilderungen. So stellten beispielsweise alle drei – ähnlich wie viele andere, die spontane Austritte erlebten – irgendwann fest, daß sie durch eine geheimnisvolle Schnur mit ihrem physischen Körper verbunden gewesen seien. Man bezeichnet diese Verbindung gewöhnlich als „Silberschnur", und viele glauben, daß sie so etwas wie eine Nabelschnur ist. Solange sie unversehrt bleibe, so lautet die These, sei der Astralreisende sicher, werde sie aber durchtrennt, sei die Abspaltung vom physischen Körper endgültig, und das bedeute den Tod.

Muldoon nahm sie als silberne Schnur wahr, die – solange sich das Doppel in der Nähe des Körpers befand – etwa den Durchmesser eines Silberdollars gehabt habe; sobald sich der Astralreisende aber weit von seinem physischen Körper entfernte, dünn wie ein Seidenfaden werden konnte. Calloway sah seine Schnur nie, behauptete jedoch, mehrere Male so etwas wie eine Schnur oder eine Kraft gespürt zu haben, die ihn zurück in die physische Wirklichkeit zog.

Auch Monroe hat seine Schnur nie gesehen, aber einmal griff er hinter sich, und da fühlte er, wie er sagte, eine Art „Band", das sich zwischen seinen Schulterblättern befand. „Es hing locker herab", erinnerte er sich, „und ich konnte seine Struktur genau fühlen. Es war körperwarm und schien aus Hunderten von sehnenartigen Fasern zusammengesetzt zu sein."

Trotz all ihrer Untersuchungen und Veröffentlichungen fanden Calloway, Muldoon, Monroe und einige andere Astralreisende lange Zeit wenig Unterstützung bei Bemühungen, die Existenz von außerkörperlichen Erfahrungen nachzuweisen. So verbreitet das Phänomen von Seelenreisen auch zu sein schien, gab es doch nur wenige Versuche von Außenstehenden, diese Erlebnisse mit dem nüchternen Blick der Wissenschaft zu untersuchen. Erst in den 60er Jahren wandten die beiden angesehenen britischen Wissenschaftler Celia Green und Robert Crookall mit ausführlichen Untersuchungen und Fallbeispielen ihre Aufmerksamkeit Phänomenen dieser Art zu.

1961 gründete Celia Green das Institute of Psychophysical Research in Oxford und suchte über Presse und Rundfunk nach Menschen, die außerkörperliche Erfahrungen gemacht hatten. Insgesamt meldeten sich 326 Personen, davon hatten 60 nur eines, 21 sechs oder mehr und 18 bis zu fünf solcher Erlebnisse gehabt. Der Gruppe gehörten Menschen aller Altersstufen an. Bei Personen mit mehr als einer Erfahrung hatten die AKEs mitunter bereits in der Kindheit begonnen. Bei jenen, die nur eine einzige Erfahrung gemacht hatten, war diese zumeist im Alter zwischen 15 und 35 Jahren aufgetreten, und in der Regel kamen solche Seelenexkursionen in eine andere Welt mit zunehmendem Alter immer seltener vor.

In den meisten Fällen waren die Erlebnisse bei weitem nicht so intensiv und detailliert gewesen wie bei Monroe und anderen berühmten Seelenreisenden. Tatsächlich hatten 80 Mitglieder der Gruppe gar nicht das Gefühl gehabt, in einem zweiten Körper zu sein. Vielmehr empfanden sie es als ein

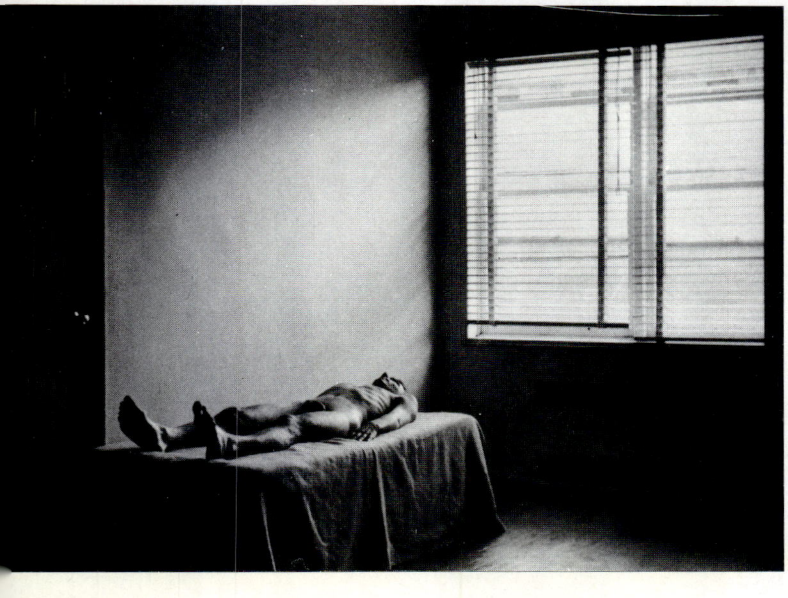

Die hier und auf den folgenden beiden Seiten abgebildeten Photos gehören zu einer Reihe, die der New Yorker Photograph Duane Michals 1968 machte. Die Serie trägt den Titel „Die Seele löst sich vom Körper" und wurde inspiriert von dem Interesse des Photographen an Astralreisen. Michals hatte sich viele Jahre mit diesem Thema beschäftigt und drückt damit seine Vorstellungen über eine Seelenreise aus.

„körperloses Bewußtsein", das sich während der AKE von ihrem physischen Körper entfernt hatte.

Green und andere hielten es für bezeichnend, daß nur wenige Menschen lang andauernde und intensive außerkörperliche Erfahrungen machen, viele aber auf einer niedrigeren Ebene vergleichbare Erlebnisse haben können. Als Beispiel führte Celia Green den ziemlich detaillierten Bericht eines jungen Motorradfahrers an, der erzählte: „Als ich eines Morgens schnell eine Straße entlangfuhr, schienen mich das Dröhnen und Vibrieren des Motors in einen Zustand der Benommenheit zu versetzen, und ich erinnere mich, wie ich auf einmal von meinem Motorrad emporzusteigen schien. Ich schwebte über einem Hügel und beobachtete, wie ich da unten mit einem Freund die Straße entlangraste.

Ein ähnliches Erlebnis hatte eine Kellnerin auf ihrem Heimweg nach einem zwölfstündigen Arbeitstag. „Ich fühlte mich so erschöpft, daß ich mich fragte, ob ich es überhaupt schaffen würde", berichtete sie. „Dann wurde mir bewußt, daß das Geräusch meiner Absätze sehr hohl klang. Ich schaute an mir herunter und sah, wie ich gerade um eine Straßenbiegung ging... ich konnte mich ganz deutlich sehen – es war ein Sommerabend, und ich trug ein ärmelloses Kleid aus Schantungseide. Ich erinnere mich, wie ich dachte, ‚so sehe ich also für andere Leute aus'."

Diese und ähnliche Berichte lassen vermuten, daß sich die Betroffenen nur in einem leicht veränderten Bewußtseinszustand befanden, der in einem Fall durch Monotonie und im anderen durch Erschöpfung hervorgerufen wurde; dennoch erfolgte dabei die Bewußtwerdung eines zweiten Selbst.

Der Geologe Crookall, der in leitender Position an Englands renommiertem Institute of Geological Sciences arbeitete, war schon lange Zeit von paranormalen Phänomenen fasziniert gewesen. Dem Beispiel von Carrington, Muldoon und anderen folgend, sammelte und analysierte er Berichte über außerkörperliche Erfahrungen von Menschen aus der ganzen Welt. Insgesamt waren es fast tausend Fälle, die er in mehreren

Büchern veröffentlichte. Nach Crookalls Analyse enthalten die meisten außerkörperlichen Erfahrungen mehrere gemeinsame Faktoren. So beginnt die Abspaltung des Astralkörpers von einer physischen Hülle häufig an den Händen und Füßen und endet am Kopf. Außerdem berichten viele, die aus ihrem Körper austreten, von einem kurzen Bewußtseinsschwund und klikkenden Geräuschen im Augenblick der Abspaltung; die meisten empfinden dabei weder Angst noch Unbehagen.

Das umfangreiche Material, das von Green und Crookall zusammengetragen wurde, überzeugte andere Forscher davon, daß außerkörperliche Erfahrungen unter kontrollierten Laborbedingungen untersucht werden sollten. Pionierarbeit leistete hier Dr. Charles T. Tart. Während der Jahre 1965 und 1966, in denen er an der University of Virginia School of Medicine lehrte, begann Tart eine Reihe von faszinierenden Experimenten mit einer Testperson namens Mr. X, die in der Nähe von Charlottesville lebte, wo sich die Universität befand. Später stellte sich heraus, daß Mr. X niemand anders war als Robert Monroe. Wenn es jemanden gab, der außerkörperliche Erfahrungen herbeiführen konnte, dann war das sicherlich er.

Tart untersuchte Monroe in einem Spezialraum, wo dieser an verschiedene Geräte angeschlossen wurde, die den Herzschlag, die Hirnstromwellen und die REMs (ruckartige Augenbewegungen, die während des Schlafs Traumphasen anzeigen) aufzeichneten. Es war vereinbart worden, daß Monroe einen Austritt herbeiführen und sich dann in einen Nachbarraum projizieren sollte. In diesem Raum sollte Monroe eine willkürlich ausgewählte fünfstellige Zahl lesen, die sich auf einem Ablagebrett befand; das Brett war so hoch angebracht, daß man die Zahl aus der normalen Perspektive nicht sehen konnte.

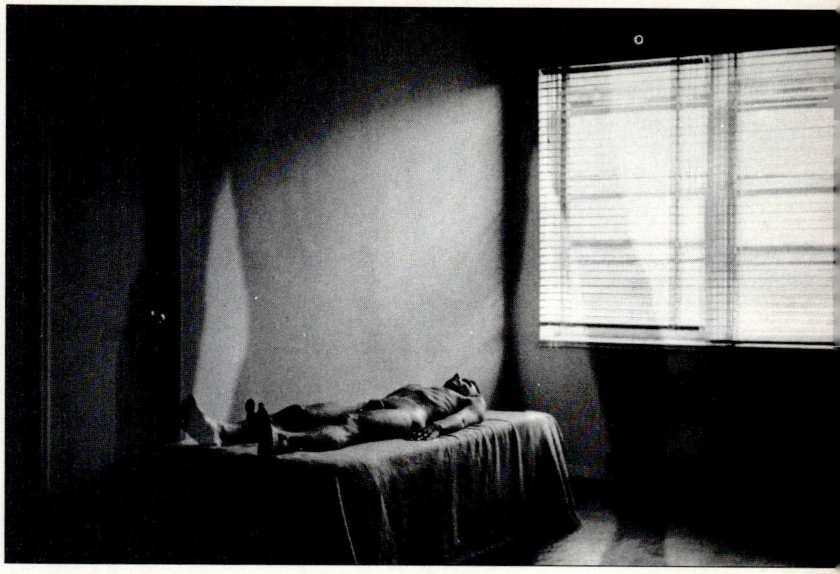

Monroe lag auf einer Pritsche und war durch Elektroden mit den Meßgeräten verbunden. Während der ersten sieben Versuche gelang es ihm nicht, einen Austritt herbeizuführen, aber beim achten – und letzten – Versuch fühlte er angeblich, wie auf einmal sein nichtphysischer Körper von der Pritsche auf den Boden rollte und dann langsam durch die Tür in den Nebenraum schwebte. Zwar sah er die Zahl nicht, aber er bemerkte, daß die Laborantin, die sich in dem Raum aufhalten sollte, nicht anwesend war. Dann schwebte er in den hellerleuchteten Korridor, wo er die Laborantin fand, die sich dort mit einem Mann unterhielt, den Monroe nicht kannte. Sie bestätigte später, daß sie auf dem Flur mit ihrem Mann gesprochen habe.

Nach Tarts Ansicht war die Versuchsreihe mit Monroe nicht beweiskräftig; dennoch wollte er seine Forschungen auf diesem Gebiet fortsetzen. Nachdem er einen Ruf an die University of California in Davis als Professor für Psychologie erhalten hatte, fand er eine neue Versuchsperson – eine aufgeweckte Studentin, die er Miss Z. nannte. Wie sie sagte, habe sie fast ihr ganzes Leben lang zwei- bis viermal in der Woche außerkörperliche Erfahrungen gehabt. Gewöhnlich sei sie bei diesen Exkursionen in der Nacht aufgewacht und habe irgendwo in Deckennähe geschwebt. Als Kind habe sie das völlig normal gefunden. Erst als sie im Teenageralter ihren Freunden von diesen außerkörperlichen Erlebnissen erzählte, habe sie entdeckt, wie ungewöhnlich sie waren.

Zu dem Zeitpunkt, als Miss Z. Verbindung mit Dr. Tart aufnahm, machte sie jede Nacht eine Astralreise. Tart bat sie, zunächst zu Hause einige Versuche an sich selbst durchzuführen. Er forderte sie auf, die Zahlen Eins bis Zehn auf verschiedene Zettel zu schreiben und sie in einer Schachtel zu mischen. Dann sollte sie – ohne ihn anzuschauen – einen Zettel herausziehen und ihn vor dem Zubettgehen auf ihren Nachttisch legen. Wenn sie nun in der Nacht einen Austritt haben würde, sollte sie die Zahl auf dem Zettel lesen und sich merken. Wie sie berichtete, tat sie dies sieben Nächte hintereinander mit Erfolg.

Daraufhin führte Tart mit Miss Z. im Labor Experimente durch, die denen mit Robert Monroe gemachten ähnlich waren. Nachdem sie sich hingelegt hatte, wurde ein Zettel mit einer

Ihre erste außerkörperliche Erfahrung machte die PSI-Forscherin Susan Blackmore im November 1970 während ihrer Studienzeit in Oxford. Später fertigte sie diese Zeichnung eines von Bäumen gebildeten Tunnels an, in dem nach ihren Worten ihre Seelenexkursion begann. „Ich donnerte diese Straße entlang wie in einer Kutsche, die von mehreren Pferden gezogen wurde", erinnerte sie sich später.

zufällig ausgewählten fünfstelligen Zahl auf ein kleines Bord gelegt, das sich hoch über ihrem Kopf befand. Es wurde vereinbart, daß sie bei einer AKE die Zahl lesen sollte. Man schloß sie an einen Elektroenzephalographen an, ein Gerät, mit dem die Hirnströme gemessen und in einem Hirnstrombild (Elektroenzephalogramm, kurz EEG) dargestellt werden. Andere Geräte sollten ihren physiologischen Zustand während des Austritts messen. Die Drähte saßen so locker, daß sie sich umdrehen konnte, würden sich aber lösen und die Aufzeichnung unterbrechen, wenn sich ihr physischer Körper weiter als 60 Zentimeter erheben würde. Dies sollte verhindern, daß sie die Zahlen auf normale Weise lesen konnte.

In der ersten Nacht geschah nichts, doch in der zweiten zeigte das EEG um 3.15 Uhr ein ungewöhnliches Hirnstrombild an. Wie Miss Z. später berichtete, hatte sie zu diesem Zeitpunkt eine AKE, aber sie war nicht in der Lage, die Zahl zu lesen. In der dritten Nacht erging es ihr ähnlich.

Die vierte Nacht jedoch verlief völlig anders. Um 5.57 Uhr begann der Elektroenzephalograph Hirnströme aufzuzeichnen, die weder einem Schlaf- noch einem Wachzustand entsprachen. Kurz nach sechs rief Miss Z. die Laborantin, erklärte ihr, sie habe einen Austritt gehabt, und sagte, die Zahl sei 25 132. Sie stimmte genau. Als Tart alle Aufzeichnungen auswertete, stellte er fest, daß sich während des mutmaßlichen Austritts der Puls und die Hirnströme von Miss Z. nicht verlangsamt hatten, wie es im Zustand des Tiefschlafs der Fall gewesen wäre. Ebenso waren keine REMs aufgetreten, was bewies, daß Miss Z. nicht geträumt hatte. Tarts Ergebnisse wurden auch von Dr. William Dement bestätigt, einem Experten für Schlafforschung, der die Daten später überprüfte.

Wie die Monroe-Experimente lieferten aber auch diese keine unanfechtbaren Beweise für eine außerkörperliche Erfahrung, denn man entdeckte die Möglichkeit, wie Miss Z. die Zahlen hätte lesen können. Wenn sie mit einer Taschenlampe nach oben geleuchtet hätte, wäre es möglich gewesen, das Spiegelbild der Zahlen im Glas einer Wanduhr abzulesen. Obgleich keinerlei Grund bestand, sie eines solchen Betrugs zu verdächtigen, blieb dies trotzdem der Schwachpunkt des Versuchs.

Aber selbst wenn Miss Z. tausend Zahlen richtig erkannt hätte, wäre dies im Hinblick auf den Aufbau von Tarts Experimenten immer noch kein Beweis gewesen, daß sie ihren Körper tatsächlich verlassen hatte. Denn diese Ergebnisse könnten, wie einige Parapsychologen meinten, auch auf außersinnliche Wahrnehmung (ASW) zurückzuführen sein. Sie glaubten, daß Miss Z. die richtige Zahl beispielsweise durch Hellsehen hätte feststellen können.

Diese Möglichkeit war in doppelter Hinsicht faszinierend: Wenn Hellsehen tatsächlich möglich wäre, warum dann nicht auch außerkörperliche Erfahrung? Die Existenz des einen ließe auch das andere glaubwürdig erscheinen, und es stellte sich die naheliegende Frage: Wie würde man jemals eine außerkörperliche Erfahrung vom Hellsehen unterscheiden können? In den 70er Jahren begann sich Dr. Karlis Osis von der American Society for Psychical Research mit der Beantwortung dieser Frage zu beschäftigen. Osis wollte durch Versuche herausfinden, ob das Sehvermögen während außerkörperlicher Erfahrungen ähnlich begrenzt ist wie unter normalen Umständen. In diesem Fall unterscheide es sich nämlich vom Hellsehen, das angeblich solchen Beschränkungen nicht unterworfen ist.

Im Jahre 1972 begannen Dr. Osis und seine Mitarbeiterin Janet Mitchell eine vierzehnmonatige Versuchsreihe mit dem Maler Ingo Swann. Der große, blonde Zigarrenraucher hatte seine erste außerkörperliche Erfahrung nach eigenen Angaben im Alter von zwei Jahren gehabt, als er während einer Mandeloperation in der Narkose lag. Viele derartige Erlebnisse seien gefolgt, und der Künstler behauptete, mittlerweile in der Lage zu sein, sich bei vollem Bewußtsein aus seinem Körper herausprojizieren zu können.

Während der Versuchsreihe saß Swann in einem Sessel; der Raum war von einem weichen Oberlicht beleuchtet. Swann konnte sich praktisch nicht bewegen, da er durch viele Drähte mit einem Gerät verbunden war, das die Hirnströme, die Atmung und den Blutdruck aufzeichnete. Während er seine Zigarre rauchte, machte er – wie er es ausdrückte – seinen Geist frei. Dann sollte er Gegenstände beschreiben, die sich außerhalb seiner Sichtweite in einem Kasten befanden, der auf einer von der Zimmerdecke hängenden Plattform stand.

Während einer der Sitzungen wurden zwei Bilder auf die Plattform gelegt. Das eine zeigte ein auf dem Kopf stehendes Herz (auf das ein schwarzes Brieföffner-Etui gelegt wurde), das andere war eine dreifarbige Zielscheibe, aus der ein keilförmiges Stück herausgeschnitten war. Swann beschrieb beide Bilder mit außerordentlicher Genauigkeit. Sogar die Lage des keilförmigen Stücks erkannte er richtig. Nur bei der Farbfolge der Ringe irrte er sich.

S. Blackmore 1981

Der Maler Ingo Swann vor seinem Gemälde „At Ship's View of Sagittarius", das nach seinen Worten nicht zuletzt durch seine Astralwanderungen in entfernte Galaxien inspiriert wurde und einen Blick auf das Sternbild Schütze vom hinteren Teil eines Raumschiffes aus zeigen soll. Swann, der während seiner Reisen angeblich bei vollem Bewußtsein ist, versucht mit solchen Bildern eine Vorstellung von einer Reise ins All zu vermitteln.

In anderen Experimenten hatte Swann jedoch Schwierigkeiten beim Entziffern von Zahlen, Buchstaben, und meist konnte er nur ganz vage Formen oder Umrisse erkennen. In seiner Autobiographie *To Kiss Earth Good-Bye* erzählt er von einem zwar fehlgeschlagenen, aber faszinierenden Versuch, den er wie folgt beschreibt: „Das Experiment lief schon eine Weile, und wieder einmal versuchte ich unverzagt herauszufinden, was sich wohl in der Schachtel befände. Doch anders als sonst wich die Schwärze, die ich wie üblich sah, nicht der erwarteten Fern-Wahrnehmung. Ich versuchte herauszufinden, warum alles so ungemein schwarz ‚aussah', und ‚schwebte' direkt in die Kiste (eigentlich sollte ich nur durch die Öffnung schauen). Ich bemerkte, daß das kleine Licht, das die Zielobjekte beleuchten sollte, nicht brannte. ‚Das verdammte Licht über dem Zielobjekt ist ja nicht an', schimpfte ich. Ich brannte darauf, die Forscher bei einem Fehler zu erwischen, da sie meistens schadenfroh waren, wenn ich einmal danebenlag. ‚Ausgeschlossen', lautete die Antwort. Dennoch blieb ich dabei. Als der Versuch beendet war, wurde eine lange Leiter geholt, und als einer der Experimentatoren hinaufkletterte, mußte er feststellen, daß das Licht nicht brannte."

Osis sah solche „erfolglosen" Versuche nicht unbedingt als Fehlschläge an, sondern wertete sie eher als einen möglichen Beweis dafür, daß Swann die Gegenstände wirklich außerhalb seines Körpers sah, aber das außerkörperliche Sehvermögen tatsächlich durch die gleichen Faktoren beeinträchtigt werden konnte wie das der physischen Augen. Seiner Ansicht nach handelte es sich bei dieser Art der Beeinträchtigung um etwas anderes als bei der Ungenauigkeit und Bruchstückhaftigkeit, mit der vermutliche ASW-Botschaften empfangen und verarbeitet werden.

Osis beschloß, noch einen Schritt weiterzugehen. Er wollte nicht nur eine Verwandtschaft zwischen AKE-Sehen und physischem Sehen nachweisen, sondern hoffte auch, einen greifbaren Beweis dafür zu finden, daß während einer außerkörperlichen Erfahrung tatsächlich ein körperloses Selbst den physischen Leib verläßt. Auf der Suche nach einem solch schwierigen Beweis begann Osis eine neue Versuchsreihe mit einem eigens dafür konstruierten Gerät.

Der Apparat war 90 mal 60 mal 60 Zentimeter groß und hatte auf einer Seite ein Fenster. Wenn man durch dieses Fenster blickte, sah man eine Scheibe mit vier Feldern und auf einem dieser Felder ein farbiges Bild. Es handelte sich dabei jedoch um eine optische Täuschung, die durch ein Spiegelsystem, Farbfilter und Strichzeichnungen hervorgerufen wurde. Eine Lichtmaschine im Nebenzimmer, die durch Knopfdruck betätigt wurde, steuerte das Erscheinen des Bildes. Osis vertrat nun die These, daß eine Versuchsperson, die sich aus ihrem Körper herausprojizieren könne, das Bild wahrnehmen würde, während jemand, der hellsichtige Fähigkeiten habe, wohl im Geist den Deckel des Apparates abnehmen und statt dessen die Spiegel, Filter und Strichzeichnungen sehen würde.

Im Jahre 1978 begann Osis gemeinsam mit der PSI-Forscherin Donna McCormick eine ausgedehnte Versuchsreihe mit diesem optischen Gerät. Osis' begabteste Versuchsperson war Alex Tanous, ein Sensitiver aus Maine, der früher an der St. John's University in Brooklyn Theologie gelehrt hatte. Tanous war ein dunkelhaariger, fremdländisch wirkender Mann mit durchdringenden, dunklen Augen und einer ausgeprägten Brauenpartie. Wegen seiner sensitiven Fähigkeiten war er verschiedentlich von der Polizei um Mithilfe bei der Aufklärung von Verbrechen oder der Suche nach vermißten Personen gebeten worden. Tanous glaubte, er projiziere während seiner außerkörperlichen Erfahrungen ein phantomähnliches Doppel, und behauptete, dieses Doppel könne mitunter von anderen Menschen gesehen werden.

Wenn Tanous in der Zentrale der ASPR in Manhattan eintraf, stimmte er sich in Osis' Büro gewöhnlich erst einmal ein. Bei einer Tasse Kaffee besprachen Osis und Tanous verschiedene Aspekte ihrer Arbeit, um Tanous für die Versuche in eine positive Gemütsverfassung zu bringen. Danach begab sich Tanous in einen schalldichten Raum. Die Zielobjekte, die er ausmachen und beschreiben sollte, befanden sich in dem optischen Gerät in einem Raum am anderen Ende des Gebäudes.

Tanous sollte sich in den Raum projizieren. Er würde das Zielobjekt aber nur dann richtig erkennen, wenn er sich direkt vor dem Apparat befände und hineinschaute. Um beweisen zu können, daß das Doppel der Versuchsperson tatsächlich im Raum war, installierten die Forscher dort ein elektronisches Gerät, das Schwingungen oder Bewegungen vor dem optischen Gerät aufzeichnen und damit jede Art physischer Anwesenheit registrieren sollte. Mehrere korrekte Ergebnisse von Tanous

Können Tiere die Gegenwart astraler Wesen spüren? Um das herauszufinden, führten 1973 Forscher der Psychical Research Foundation in Durham, North Carolina, ein Experiment durch. Testperson war Keith Harary (unten), der versuchte, sein astrales Selbst in einen Raum zu projizieren, in dem sich eine junge Katze befand. Forschungsdirektor Dr. Robert Morris (gegenüberliegende Seite) beobachtete das Verhalten der Katze genau und hielt jede Veränderung fest. Wie es heißt, war das Tier während Hararys angeblichen außerkörperlichen Besuchen viel ruhiger als sonst.

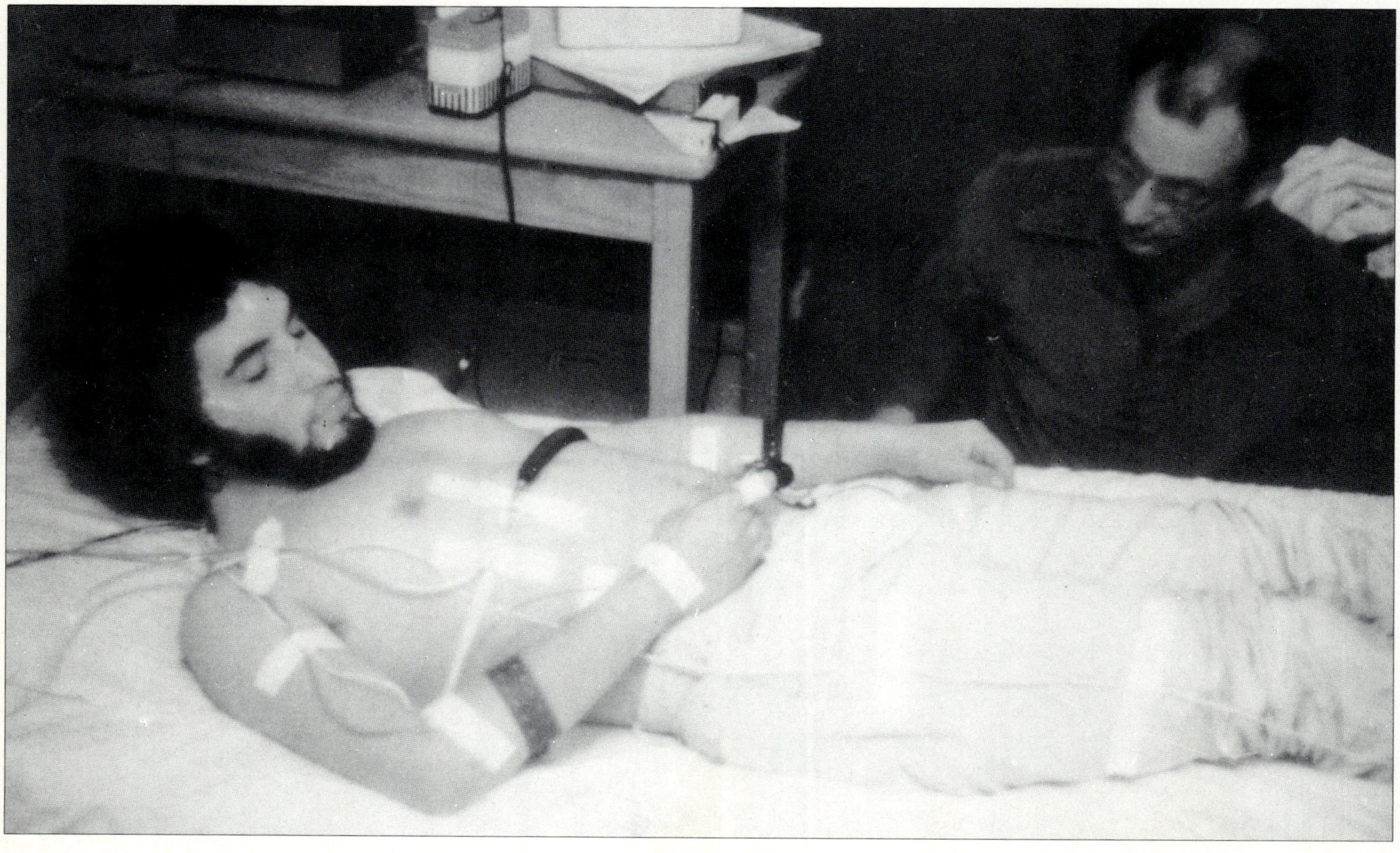

zusammen mit den Daten des elektronischen Meßgeräts würden dann einen unerschütterlichen Beweis für eine außerkörperliche Exkursion liefern.

Die ersten Ergebnisse waren enttäuschend. Aber Tanous verlor nicht den Mut und meinte, daß sein außerkörperliches Selbst lediglich zu klein sei, um in das optische Gerät zu schauen. „Als ich die Versuche mit dem Gerät begann", so erzählte er, „konnte ich das Zielbild nicht sehen, weil ich nicht groß genug war – zumindest mein anderes Selbst war nicht groß genug. Das Fenster des Apparats befindet sich etwa in Augenhöhe einer mittelgroßen Person. Mein projiziertes Selbst, mein Astralkörper, so wie ich ihn sehe, hat aber keine nennenswerte Höhe. Es ist eine kleine Lichtkugel. Ich konnte nur in das Fenster schauen, wenn ich mich emporreckte, mich auf die Zehenspitzen stellte – aber auch dann konnte ich nicht gut sehen."

Anscheinend konnte Tanous auf seinen Reisen nicht schwerelos schweben wie Muldoon, Monroe und viele andere. Aber Osis tat Tanous den Gefallen und baute für sein körperloses Selbst ein Podest, auf das es sich stellen könnte. Wie Osis berichtete, verbesserten sich daraufhin die Ergebnisse enorm. In 197 Versuchen, die während 20 Sitzungen durchgeführt wurden, erkannte Tanous das Zielobjekt 114mal richtig. Darüber hinaus soll das elektronische Meßgerät deutlich stärker reagiert haben, wenn Tanous einen Treffer erzielte.

Etwa zur gleichen Zeit, als Osis seine Experimente mit Ingo Swann durchführte, unternahm die Psychical Research Foundation, ein unabhängiges Forschungszentrum im US-Bundesstaat North Carolina, eine ebenso faszinierende Versuchsreihe. Versuchsperson war in diesem Fall Keith Harary, ein intelligenter, nüchterner Student der Duke University, der, wie er sagte, schon in seiner Kindheit außerkörperliche Erfahrungen gehabt hatte. Mit ihm machte Dr. Robert Morris, der Forschungsdirektor der Foundation, ausführliche Versuche. Wie Ingo Swann behauptete auch Harary, willentlich Austritte herbeiführen zu können.

Bei der ersten Versuchsreihe hielt sich Harary in einem bestimmten Gebäude auf, während die Forscher in einem anderen, 20 Meter entfernten Gebäude große Pappbuchstaben aufhängten. Nachdem man Harary an verschiedene Überwachungsgeräte angeschlossen hatte, wurde er gebeten, sich hinzulegen, zu entspannen und seinen Geist auf Reisen zu schicken. Da er sich während seiner AKEs nicht gerne beobachten ließ, hatte man ihn in einer schalldichten Zelle untergebracht. Über ein Sprechgerät konnte er den Forschern jedoch mitteilen, daß der Austritt kurz bevorstand.

Bei einigen dieser Versuche konnte Harary die Zielobjekte erstaunlich gut wahrnehmen und beschreiben, bei anderen war seine Trefferquote schlecht. Eines Tages nahm ein Experiment jedoch einen ungewöhnlichen Verlauf. Während dieses besonderen Versuchs sollte sich in dem Raum, in dem die Pappbuchstaben hingen, nur eine Person aufhalten. Aber es war eine zweite Person anwesend, was Harary nicht wußte. Obwohl er den Zielbuchstaben nicht erkennen konnte, berichtete er von dieser zweiten Person. Noch überraschender war jedoch, daß die Person behauptete, Hararys Erscheinung im Raum gesehen zu haben.

Hieß das, daß Harary auf Menschen besser reagierte als auf Pappbuchstaben? Von dieser Möglichkeit fasziniert, entwickelten die Mitarbeiter der Foundation ein neues Experiment. Wieder wurde Harary in eine schalldichte Zelle gebracht und aufgefordert, sich in das andere Gebäude zu projizieren, wo vier Mitarbeiter versammelt waren. Harary sollte die Personen, die er dort sah, identifizieren. Schon der erste Versuch war ein Volltreffer. Er erkannte nicht nur die Teilnehmer, sondern beschrieb auch genau, wo sie saßen. Bei nachfolgenden Versuchen waren die Ergebnisse weniger spektakulär, aber einmal sagten einige Teilnehmer, daß sie Hararys Gegenwart im Raum gespürt hätten. Selbst Morris meinte, eine solche Erfahrung gemacht zu haben.

Da das Forscherteam diese Resultate nicht interpretieren konnte, wollte man Hararys astral projizierte Gegenwart an der Reaktion von Tieren messen. Man erinnerte sich an den verbreiteten Glauben, daß sich Tiere in Spukhäusern oder gegenüber Geistererscheinungen merkwürdig verhielten. So würden Tiere möglicherweise auch auf die Gegenwart einer körperlosen Projektion reagieren.

Bei dem Experiment setzte man eine junge Katze in einen länglichen, offenen Kasten, der in 24 numerierte Quadrate von 25 Zentimeter Seitenlänge unterteilt war. Die Forscher legten die normale Aktivität des Tieres danach fest, wie häufig es miaute und wie oft es sich auf den Quadraten bewegte. Dann wollte man feststellen, ob sich dieses Verhalten signifikant veränderte, wenn Harary seine angeblichen außerkörperlichen Besuche machte. Man brachte Harary in einen Raum des Duke

University Hospital, etwa eine halbe Meile vom Versuchszentrum entfernt. Ein Mitglied des Teams blieb bei ihm, während er versuchte, sich in den Raum, in dem sich das Kätzchen befand, zu projizieren. Ein zweiter Forscher beobachtete das Tier. Es war vereinbart worden, während des Experiments das Telephon viermal klingeln zu lassen. (Anscheinend hatten die Forscher nicht bedacht, daß das Klingeln des Telephons schon eine Wirkung auf das Tier haben könnte.) Bei jedem Telephonklingeln sollte der Forscher die Katze genau beobachten.

Der Versuch wurde mehrmals wiederholt, doch nur zweimal versuchte Harary, das Tier zu besuchen. Beide Male beobachtete der Forscher jedoch, wie die Katze plötzlich stehenblieb, miaute und regungslos verharrte.

Morris wollte noch einen Schritt weitergehen und entschloß sich, die Reaktionen eines weniger domestizierten Tieres zu untersuchen. Das perfekte Versuchstier wurde gefunden – eine besonders aggressive Schlange. Da die Schlange so negative Reaktionen auf Menschen in ihrer physischen Form zeigte, würde sie wahrscheinlich auf einen Astralleib ähnlich reagieren, meinte Morris.

Man brachte Harary wieder ins Duke University Hospital, während zwei Forscher im Versuchszentrum die Schlange beobachteten. Das Tier im Terrarium wurde durch ein Fenster beobachtet, und Telephonklingeln signalisierte wieder den Beginn der Beobachtungsphasen.

Zu Beginn der ersten Phase soll die Schlange völlig normal durch das Terrarium geglitten sein. Beim zweiten Signal aber glitt die Schlange, wie der Beobachter berichtete, „die Wand des Terrariums empor und griff sie regelrecht an. Sie biß wild dagegen, beruhigte sich aber auf ebenso seltsame Weise wieder. Diese überraschende Reaktion dauerte 20 oder 30 Sekunden." Als die Forscher einige Tage später das Experiment wiederholten wollten, vergrub sich die Schlange im Boden und schlief ein, noch bevor der Versuch überhaupt begonnen hatte.

Keines dieser Experimente erbrachte den Beweis für die Existenz eines zweiten Körpers, der den physischen Leib während einer AKE verläßt. Doch lieferten die zahlreichen Tests und Untersuchungen den Forschern viel Stoff zum Nachdenken, vor allem über die hohe Zahl der Schilderungen von außerkörperlichen Erlebnissen. Einige sind zu dem Ergebnis gekommen, daß eine außerkörperliche Erfahrung möglicherweise das geistige Gebilde aus Erinnerungen der physischen Welt ist, versetzt mit bruchstückhaften Informationen, die durch Telepathie oder Hellsehen erlangt werden. Andere Psychologen sehen die angeblichen AKEs lediglich als luzides Träumen an, ähnlich Calloways „Wissensträumen". Dabei schläft der Träumende, erkennt aber, daß er träumt, und glaubt deshalb, er befinde sich außerhalb seines Körpers.

Nach dem amerikanischen Anthropologen Dean Sheils, der außerkörperliche Erfahrungen in 67 verschiedenen Kulturen der Welt erforscht hat, wird bei etwa 80 Prozent dieser Kulturen Schlaf als die bedeutendste Quelle solcher Erlebnisse betrachtet. Der Psychologe Stephen LaBerge vom Stanford Sleep Research Center vertritt die Theorie, daß es sich bei den AKEs, da sie zumeist während des Schlafs aufträten, um luzide Träume handle, die lediglich unterschiedlich interpretiert würden. Er stützt seine These auch auf eigene Erfahrungen.

Andere sind jedoch nicht der Meinung, daß sich außerkörperliche Erfahrungen als eine Art luzider Träume erklären lassen. Die PSI-Forscherin Susan Blackmore behauptet beispielsweise, die Experimente mit Robert Monroe, Keith Harary und Ingo Swann hätten alle gezeigt, daß die Versuchspersonen in der Regel zwar sehr entspannt seien, physiologische Indikatoren wie Herzschlag, Augenbewegungen und EEG-Werte aber bewiesen, daß sie nicht tief schliefen. Deshalb könne man außerkörperliche Erfahrungen nicht als eine Art Träume betrachten. Vielmehr glaube sie, daß sie durch einen veränderten Bewußtseinszustand entstünden, der zwar den veränderten Bewußtseinszuständen bei Träumen oder Drogenerlebnissen verwandt sei, jedoch spezielle Eigenschaften aufweise.

Ein anderer Forscher auf diesem Gebiet, der Psychiater Glen Gabbard, vertritt die These, daß es sich bei AKEs vielleicht um sogenannte hypnagogische Bilder handle, die während der Einschlaf- oder Aufwachphasen aufträten. Er meint, diese hypnagogischen Bilder würden als so völlig real empfunden, daß die Betroffenen sie für ein tatsächliches Erlebnis außerhalb des Körpers hielten.

Aber was außerkörperliche Erfahrungen auch sein mögen, sie hinterlassen bei denen, die sie erleben, stets einen nachhaltigen Eindruck. Viele Menschen finden durch sie zu ganz neuen Werten und neuem Glauben und sind anschließend häufig überzeugt von der Existenz eines Lebens nach dem Tod und einer Welt jenseits der Sinne. Zu den bekanntesten gehört die Schauspielerin und Oskarpreisträgerin Shirley MacLaine. Als unermüdlich Reisende und Schriftstellerin hatte sie bereits

Eine berühmte Künderin des New Age

Als die Schauspielerin und Tänzerin Shirley MacLaine *(rechts)* der Welt verkündete, sie habe in einem früheren Leben in Atlantis gelebt, sei durch Medien mit Geistwesen in Kontakt getreten und glaube, daß Außerirdische zu Besuch auf die Erde gekommen seien, hatte die wachsende New-Age-Bewegung eine Sprecherin gefunden. Im Jahre 1984 ergab eine landesweite Umfrage, daß etwa zwei Drittel aller Amerikaner meinten, schon einmal ein paranormales Erlebnis gehabt zu haben. Diese Zahl ist in den letzten Jahren noch größer geworden, vielleicht auch aufgrund der Schilderungen von Menschen, die erst über ihre offenbar paranormalen Erfahrungen zu sprechen wagten, nachdem Shirley MacLaine sich dazu bekannt hatte.

Die Schauspielerin, die sich nach eigener Aussage schon immer für Mystik interessiert hatte, begann in den 70er Jahren mit der Unterstützung von Freunden den Pfad der Erleuchtung zu beschreiten. Einer der eindrucksvollsten Momente ihrer spirituellen Suche ereignete sich 1975 auf einer Reise in die peruanischen Anden. Während sie beim sanften Schein einer Kerze in einem Schwefelbad saß, machte Shirley MacLaine ihre erste außerkörperliche Erfahrung.

„Ich atmete tief ...", schrieb sie später. „Ich starrte in die flackernde Kerze. Mein Kopf war leicht. Ich spürte physisch, wie sich eine Art Tunnel in meinem Kopf öffnete. Er dehnte sich aus zu einer Höhle aus klarem Raum, die offen und frei von Ballast war ... Allmählich verschmolz die Flamme der Kerze mit dem Raum in meinem Kopf. Ich spürte, wie ich selbst zur Flamme wurde. Ich hatte keine Arme, keine Beine, keinen Rumpf, keine physische Form ... Ich spürte, wie ich in den Raum floß, ihn erfüllte und forttrieb, während ich aus meinem Körper stieg, bis ich zu schweben begann. Es war mir bewußt, daß mein Körper im Wasser zurückblieb. Ich schaute hinunter und sah ihn unter mir ... Mein Geist, meine Seele oder was es auch war, schwebte höher und höher. Durch die Decke des Badehauses und weiter nach oben ... bis ich die Berge und die Landschaft unter mir sehen konnte ... Während ich dahinschwebte, war ich mir einer vibrierenden Energie bewußt, die mich umgab ...

„Ich betrachtete die Silberschnur, mit der mein Körper verbunden war ... Sie funkelte in der Luft. Sie schien unendlich lang und vollkommen elastisch, stets mit meinem Körper verbunden. Ich sah alles durch eine Art geistiges Auge ... Ich konnte die Krümmung der Erde sehen und die Dunkelheit auf der anderen Seite der Weltkugel ..."

„Ich dirigierte mich nach unten, zurück in meinen Körper ... Die Energieschwingungen verebbten ... und in einer sanften Berührung, die mir wie ein Windhauch erschien, verschmolz ich wieder mit meinem Körper."

Shirley MacLaine sagt, daß sie sich während ihres außerkörperlichen Erlebnisses wie ein „individualisiertes Stück universeller Energie" empfand. Und sie glaubt von Wesen in der geistigen Welt auserwählt worden zu sein, um anderen die Botschaft der Erleuchtung zu bringen. Nachdem sie bereits zwei Bestseller über ihren spirituellen Weg veröffentlicht hatte, wirkte sie auch in einem Fernsehfilm mit, dem ihre Geschichte zugrunde lag. Und für Menschen, die Beziehung zu den Energien des New Age aufnehmen wollten, begann Shirley MacLaine im Land Seminare abzuhalten. In Workshops, die Gruppenmeditationen, Visualisationstechniken sowie Fragen und Antworten über vergangene Leben einschlossen, sollten sich Menschen, die sich bis dahin solchen Dingen nur insgeheim gewidmet hatten, mit diesen beschäftigen können, ohne Angst oder Furcht vor Spott.

Shirley MacLaine und andere Leitfiguren der New-Age-Bewegung, die ein Sammelbecken für eine Vielzahl mystischer Vorstellungen ist – wie etwa die von einem Leben nach dem Tod –, haben eine große Anhängerschaft um sich geschart. Obgleich die Bewegung im allgemeinen als ungefährlich angesehen wird, hat sie doch ihre Kritiker. Da ist beispielsweise das sogenannte Channeling, eine Technik zum Erlangen des „neuen Bewußtseins", die sich in Amerika ungeheuer rasch ausbreitet. Hier dienen selbsternannte Sensitive angeblich als Kanal für Geistwesen aus einer anderen Welt oder Zeit. Manche Kritiker sehen in diesen Medien aber nur Schwindler, von denen zumeist gebildete und gutsituierte, aber etwas leichtgläubige Menschen, die auf der Suche nach dem Sinn des Lebens sind, skrupellos ausgenutzt werden. Selbst Insider räumen ein, daß es auf dem esoterischen Sektor möglicherweise von Betrügern wimmelt, aber das Interesse hält unvermindert an.

Für Shirley MacLaine hat die Beschäftigung mit den Visionen des New Age neue Wertvorstellungen und eine ganz neue Sicht des Lebens und ihrer eigenen Person mit sich gebracht. „Ich weiß, daß ich schon andere Leben hinter mir habe", sagt sie. „Ich weiß, es gibt ein Dasein vor der Geburt. Ich kann das nicht beweisen, aber schließlich hätte ich vor der Erfindung des Mikroskops auch nicht beweisen können, daß sich auf meinem Arm Mikroben befinden."

zahlreiche paranormale Phänomene untersucht und niedergeschrieben, bevor sie im Zuge ihrer spirituellen Suche auf einer Reise in die Anden selbst eine außerkörperliche Erfahrung machte. Damals schwebte sie, wie sie sagte, so weit von ihrem physischen Körper fort, daß sie sich im All wiederfand und auf die Krümmung der Erde niederblickte. Ein andermal spürte sie in ihrem Wohnzimmer im kalifornischen Malibu in dem Augenblick die Gegenwart ihres Freundes Peter Sellers, als dieser in England einem Herzinfarkt erlag.

Shirley MacLaines autobiographische Berichte über ihre spirituelle Suche, *Zwischenleben* und *Tanz im Licht,* wurden von Millionen gelesen. Außerdem hat die Schauspielerin zahlreiche Workshops für Menschen veranstaltet, die sich für außerkörperliche Erfahrungen und spirituelle Erlebnisse interessieren. Sie wendet sich an jene große Zahl von Menschen, die sich überall in der Welt zusammengefunden haben, um die Sphären jenseits der normalen Sinne zu erforschen. Sie werden der sogenannten New-Age-Bewegung zugerechnet und betrachten es als ihren Auftrag, die Idee von einer unabhängigen Seele zu verbreiten, denn sie sehen darin eine Möglichkeit, das Leben der Menschen auf der Erde besser zu gestalten.

In ihren Bemühungen spiegeln sich die Hoffnungen wieder, die der PSI-Forscher Archibald Holms in den 20er Jahren so formulierte: „Ein allgemeiner Glaube an das Weiterleben nach dem Tod und den temporären Charakter des Erdenlebens würde die Bedingungen des letzteren beträchtlich verbessern. Das Leben würde mit anderen Augen betrachtet, und Dinge, die heute wichtig erscheinen, verlören ihre Bedeutung. Gewissenloser Ehrgeiz, das Verlangen nach Reichtum und Macht über andere Menschen wie auch das Streben nach gesellschaftlichen Ehren würden ihrer Verlockung beraubt, zum Wohle des einzelnen und der Allgemeinheit."

Auch wissenschaftliche Entwicklungen jüngerer Zeit, insbesondere in der theoretischen Physik, könnten den Weg in diese Richtung ebnen. Denn schließlich sind Begriffe wie „schwarze Löcher" und „Antimaterie" ebenso fremdartig wie die Idee der Astralreisen. Bestimmt werden die Anhänger der New-Age-Bewegung über immer neue Formen der außerkörperlichen Erfahrung berichten, um ihren Glauben an eine Seele zu bestärken, die unabhängig vom physischen Körper existiert. Die faszinierendsten Berichte über diese Phänomene sind die, in denen Menschen schildern, wie sie ihren Körper verließen und bis zur Schwelle des Todes vordrangen.

Phasen einer Astralreise

„Ich befand mich in einem Zustand der Ekstase, einem Zustand großer Freude, und ich war sehr erstaunt über die Kraft, die mich vorwärtstrieb, als ob sie ein jedes Ding im Universum bewegen könnte."

So beschrieb einmal ein erfahrener Astralwanderer den Beginn einer außerkörperlichen Erfahrung – als eine Form der *Ekstase,* ein Wort, das dem Griechischen entlehnt ist und wörtlich übersetzt „aus sich heraustreten" bedeutet. Und tatsächlich verleihen außerkörperliche Erfahrungen dem Ausdruck „außer sich sein vor Freude" eine bildliche und buchstäbliche Dimension. Wie Untersuchungen zeigen, schildert die Mehrzahl derer, die angeblich eine solche Erfahrung gemacht haben, diese als angenehm, faszinierend und sogar schön. Daher wollen die meisten danach auch weitere Versuche unternehmen.

Wer sich auf eine solche Reise begeben will, sollte jedoch nicht vergessen, daß sie gelegentlich auch furchterregend sein kann. So berichtete beispielsweise eine junge Frau, von einer so ungeheuren Kraft aus dem Körper gezogen worden zu sein, daß sie fürchtete, das Herz würde ihr aus der Brust gerissen. Auch während des ganzen übrigen Erlebnisses empfand sie Schmerz, Druck und Entsetzen, die bei ihr einen dauerhaften seelischen Schaden hinterließen. Vor allem die ersten Reisen sollen oft beängstigend sein. Sehr häufig befürchten die Betroffenen, daß sie womöglich für immer von ihrem physischen Körper getrennt werden und sterben, obwohl bisher kein solcher Vorfall bekannt geworden ist. Darüber hinaus können unangenehme körperliche Nebenwirkungen auftreten, wenn das astrale Selbst wieder in den physischen Körper zurückkehrt, wie etwa ein Brennen oder ein rasender Herzschlag. Typischer aber sind angenehme außerkörperliche Erfahrungen, und auf den folgenden Seiten wurden einige Höhepunkte eines solchen Erlebnisses illustriert.

Der Astralreisende spürt, wie der Körper steif und starr wird. Verwirrt bemerkt er, daß er seine Gliedmaßen nicht mehr bewegen kann. Doch dieses Gefühl der Hilflosigkeit verschwindet, sobald sich der Astralkörper vollkommen vom physischen Körper gelöst hat. Der Reisende sieht eine Silberschnur, die das physische Selbst mit dessen feinstofflichem Gegenstück verbindet und deren Dicke sich mit dem Abstand zwischen den beiden Körpern verringert.

Obgleich der Astralkörper schwerelos und immateriell scheint, ist die Wahrnehmungsfähigkeit des Exkursierten nicht beeinträchtigt, ja vielleicht sogar geschärft. Das astrale Selbst sieht ungewöhnlich leuchtende, lebendige Farben. Und der Reisende spürt, daß er in seiner nichtphysischen Form eine unbekannte Lebenskraft besitzt, die seinem irdischen und – wie er glaubt – wahren Körper fehlt. Tatsächlich beginnt ihm das astrale Selbst als das wirkliche und der physische Körper nur wie eine Hülle zu erscheinen.

Der Astralreisende wird sich seiner immateriellen Form nur bewußt, wenn er versucht, auf der physischen Ebene zu handeln – beispielsweise eine Tür zu öffnen –, und feststellt, daß er feste Gegenstände durchdringen kann. Dem anfänglichen Schreck folgt Entzücken, wenn er zu erkennen beginnt, daß die Begrenzungen der physischen Welt für ihn nicht länger gelten. Er braucht sich nur an einen Ort zu wünschen, und schon ist er dort.

Wie es heißt, sind außerkörperliche Erfahrungen von sehr unterschiedlicher Dauer. Einigen macht dieses außergewöhnliche Erlebnis Angst, und sie entfernen sich nur ein kleines Stück und für wenige Momente von ihrem physischen Körper, bevor sie eilig in ihn zurückkehren. Dem mutigeren Reisenden bereitet es dagegen Vergnügen, die Grenzen der Erfahrung zu suchen und zu erweitern. Er genießt seine Freiheit und begibt sich in große Fernen.

Aber auch bei einem angenehmen Erlebnis erwacht in dem Reisenden irgendwann die Sorge, daß er sich vielleicht zu weit von seinem physischen Körper entfernen, die Verbindung zu ihm verlieren und in eine fremde Sphäre abtreiben könnte. Er spürt, daß zwar die Seele – oder das körperlose Selbst – in irgendeiner astralen Form weiterleben, der verlassene erdgebundene Körper aber sterben würde. Diese Furcht scheint die Rückkehr herbeizuführen und die Seele wird sofort in ihre physische Hülle zurückgezogen. Die beiden Elemente verschmelzen, und der Reisende befindet sich wieder in der irdischen Realität.

KAPITEL 2

An der Schwelle des Todes

Anfang Dezember 1943, als die amerikanischen Truppen auf den Salomoninseln im Pazifik gegen die Japaner kämpften und die Alliierten die Invasion der Normandie an der Kanalküste vorbereiteten, hatte der zwanzigjährige Soldat George Ritchie guten Grund zum Feiern: Er sollte nach Beendigung seiner Grundausbildung im texanischen Abilene ein staatliches Stipendium für ein Medizinstudium am Medical College of Virginia erhalten.

Sieben Tage vor seiner Abreise zur Universität jedoch bekam Ritchie eine schwere Erkältung. Sie entwickelte sich zu einer Grippe, und er mußte ins Krankenhaus. Während der folgenden Tage schien er sich zu erholen, doch in der Nacht, bevor er nach Richmond abreisen sollte, stieg das Fieber plötzlich auf über 41°C. Er merkte, wie alles um ihn herum verschwamm, hörte noch das Klicken und Surren des Röntgenapparats – dann war Stille.

Der junge Soldat erwachte in einem Bett, das in einem kleinen, schwach beleuchteten Raum stand, den er noch nie gesehen hatte. Sein Kopf war klar. Voller Sorge, daß er den Zug nach Richmond verpassen könnte, sprang Ritchie aus dem Bett. „Meine Uniform war nicht auf dem Stuhl", erinnerte er sich später. „Ich schaute darunter. Dahinter. Auch kein Armeesack... Vielleicht hinter dem Bett? Ich drehte mich um und erstarrte."

Zu seinem Entsetzen sah Ritchie einen jungen Mann in dem Bett liegen, aus dem er sich gerade erhoben hatte. „Das war doch unmöglich. Ich war doch gerade aus diesem Bett aufgestanden! Einen kurzen Moment beschäftigte mich das Geheimnis. Es war zu fremd, um darüber nachzudenken – und überhaupt, ich hatte doch keine Zeit."

Ritchie erschauerte und rannte aus dem Zimmer. Nur ein einziger Gedanke erfüllte ihn – nach Richmond zu fahren. Auf dem Korridor kam ihm ein Feldwebel entgegen, der ein Tablett mit medizinischen Instrumenten trug. „Entschuldigen Sie, Feldwebel", sagte Ritchie, „haben Sie vielleicht den Sani der Station gesehen?" Der Feldwebel gab keine Antwort, er verlangsamte nicht einmal seine Schritte, sondern kam direkt auf ihn zu. Im letzten Moment schrie Ritchie, „Passen Sie auf!" Doch der Mann ging unbeirrt weiter und war auch schon vorbei, ohne sich nach Ritchie umzublicken.

Ritchie blieb keine Zeit, darüber nachzudenken, ob er phantasierte oder träumte, denn schon fand er sich draußen vor dem Krankenhaus wieder. Es war dunkel, und es schien ihm, als würde er durch die Lüfte fliegen. Noch immer trug er nur den Schlafanzug, aber die Kälte spürte er nicht. Ritchie verlangsamte sein

Die Visionen des William Blake

Der englische Maler und Dichter William Blake ist als Visionär, Mystiker und Wahnsinniger bezeichnet worden. Seine Gemälde sind bevölkert von Göttern, Dämonen und Bildern aus dem jenseitigen Leben, aber nach eigenem Bekunden handelt es sich dabei nicht nur um Produkte seiner Phantasie, sondern um Visionen, die ihm von Geistwesen offenbart wurden. Einige seiner Gemälde, denen möglicherweise solche Visionen zugrunde liegen, zeigen Szenen, die große Ähnlichkeit mit Schilderungen von Todesnähe-Erfahrungen haben.

Bis an sein Lebensende behauptete Blake, daß er Tag und Nacht unter der Führung himmlischer Boten stehe. Blakes Verbindungen zur Geisterwelt begannen, als er im Alter von vier Jahren zu sehen glaubte, „wie Gott seine Stirn an das Fenster legte". Mit etwa acht erblickte er einmal voller Staunen einen Baum, den er als von Engeln erleuchtet beschrieb. Als er 29 war und den Tod seines jüngeren Bruders erlebte, glaubte Blake zu sehen, wie „die erlöste Seele zum Himmel aufstieg und vor Freude in die Hände klatschte".

Auf seinem eigenen Sterbebett soll der Maler und Dichter einem Freund zufolge eine Vision seines Lebens nach dem Tod gehabt haben: Während er starb, „pries er die Dinge, die er im Himmel sah".

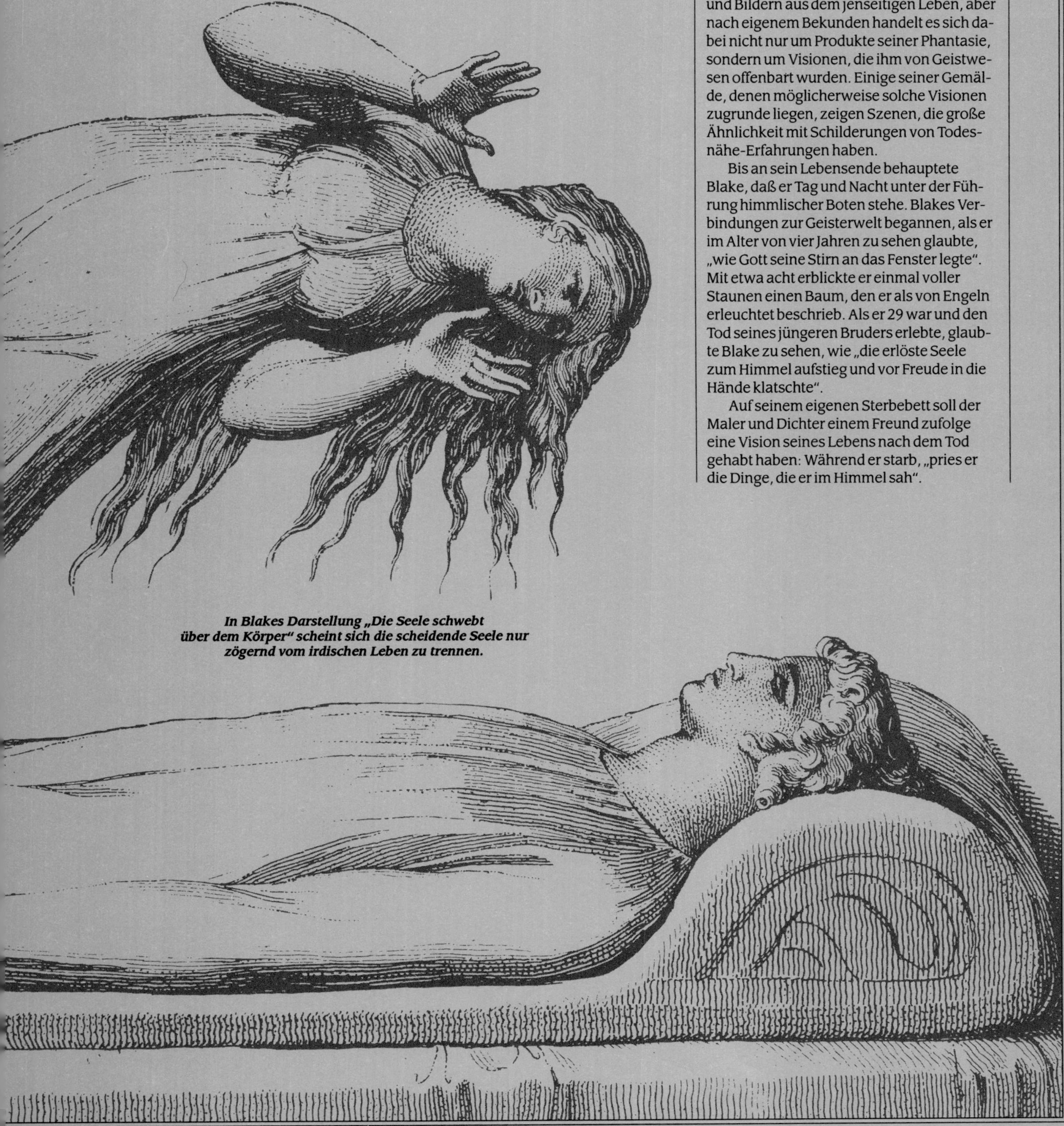

In Blakes Darstellung „Die Seele schwebt über dem Körper" scheint sich die scheidende Seele nur zögernd vom irdischen Leben zu trennen.

Engelhafte Gestalten säumen eine leuchtende Treppe, die sich in William Blakes Aquarell „Jakobs Traum" zum Himmel emporwindet. So wie in vielen Berichten todesnaher Erfahrungen scheinen auch hier Engel die Seelen – unter ihnen einige Kinder – einem tröstenden Licht entgegenzuführen. Andere Engel kommen die Treppe hinab, vielleicht um neue Geistwesen in die nächste Sphäre zu geleiten.

Fernseh-Talkshows, die Regenbogenpresse schlachtete sie aus, es wurde ein „Dokumentarfilm" darüber gedreht, und es fanden sogar wöchentlich Wettbewerbe statt, in denen die beste außerkörperliche Erfahrung prämiert wurde. Sabom sagte, seine Ansichten zu diesem Thema, bevor er sich näher damit zu beschäftigen begann, seien gut in einem 1979 im *Journal of the American Medical Association* erschienenen Artikel zusammengefaßt: „...Personen, die solche ‚Todesnähe-Erlebnisse' haben, befinden sich in einem Zustand der Hypoxie [Sauerstoffmangel des Körpergewebes], in dem sie versuchen, sich psychisch mit den Ängsten auseinanderzusetzen, die durch medizinische Behandlungen und Gespräche hervorgerufen wurden... Wir haben es hier mit Todesphantasien zu tun..." Doch fünf Jahre später, nach 116 Interviews, kam Sabom zu der Überzeugung, daß seine ursprüngliche Skepsis bezüglich dieser Phänomene unberechtigt gewesen war.

Da Sabom entschlossen war, seine Forschungen objektiv durchzuführen, befragte er seine Testpersonen so, daß ihnen zunächst nicht klar war, worauf er hinauswollte. Er befragte nicht nur Menschen, die behaupteten, eine Todesnähe-Erfahrung gemacht zu haben, sondern wählte willkürlich Patienten aus, die in einer lebensbedrohenden Krise gewesen waren. Wie er feststellte, erinnerten sich 43 Prozent lebhaft an ihre Begegnung mit dem Tod, ein Drittel berichtete von einer außerkörperlichen Erfahrung, und etwa die Hälfte davon war durch einen dunklen Tunnel einem hellen Licht entgegengestrebt.

Sabom zog auch andere Erklärungen für Todesnähe-Erfahrungen in Betracht. Er untersuchte, ob es sich dabei nicht einfach um Erfindungen, Träume, Halluzinationen oder medikamentös bedingte Sinnestäuschungen handeln könnte oder ob sie vielleicht durch tiefgreifende Veränderungen im Gehirn kurz vor dem Tod hervorgerufen wurden. Doch seiner Meinung nach liefert keine dieser Möglichkeiten eine zufriedenstellende Erklärung für todesnahe Erlebnisse. So konnten beispielsweise einige seiner Patienten genaue Einzelheiten der Wiederbelebungsversuche schildern, die während ihrer vermeintlichen Bewußtlosigkeit stattgefunden hatten. Als man eine Kontrollgruppe aus medizinisch vorgebildeten Personen befragte, wie solche Wiederbelebungsversuche abliefen, waren sie nicht in der Lage, sie mit der gleichen Genauigkeit zu beschreiben.

Nachdem sich Sabom mit diesen möglichen Alternativen auseinandergesetzt hatte, gelangte er zu der Ansicht, daß außerkörperliche Erfahrungen Tatsachen sind und daß es möglich ist, während der Abspaltung des Geistes vom Körper genaue Beobachtungen zu machen und in einen veränderten Zustand einzutreten. Dennoch ist er mit Ergebnissen sehr vorsichtig. „Ich persönlich glaube nicht, daß meine Arbeit einen Beweis für ein Leben nach dem Tod liefert."

Etwa zur gleichen Zeit, als Saboms Buch erschien, übernahm Kenneth Ring die Leitung der neugegründeten International Association for Near Death Studies (IANDS) an der University of Connecticut. Im Jahre 1984 veröffentlichte Ring als Folgeband zu *Life at Death* ein weiteres Buch mit dem Titel *Den Tod erfahren – das Leben gewinnen,* in dem der Psychologe seine Theorie über todesnahe Erlebnisse noch ausweitet. Während er das Buch verfaßte, erhielt er einen bewegenden Brief von einer jungen Frau, die behauptete, ein Erlebnis gehabt zu haben, das ihr Leben veränderte. Es enthielt viele Elemente einer Todesnähe-Erfahrung, obwohl sie nicht dem Tod nahe, ja nicht einmal krank gewesen war. Und ihr Bericht ist kein Ausnahmefall. Wie Ring sagt, gibt es im Archiv der IANDS über 100 Briefe mit Berichten über sogenannte Todesnähe-Erfahrungen – allerdings während einer Meditation, einer Entbindung, in einer persönlichen Krise, während eines Gottesdienstes oder ohne einen besonderen Anlaß.

Aufgrund dieses Materials gelangte Ring zu der Ansicht, daß die Geschehnisse während einer Todesnähe-Erfahrung im Prinzip nichts mit dem Tod oder dem Übergang zum Tod zu tun haben. Solche Erfahrungen seien mit anderen mystischen Erlebnissen verwandt, wie etwa einigen indischen Formen der Erleuchtung. Zusammenfassend stellte Ring die provokative und ziemlich gewagte These auf, daß die Todesnähe-Erfahrung möglicherweise nur ein evolutionärer Mechanismus sei, der die Menschen auf die nächste Stufe menschlicher Entwicklung befördere und dabei bislang nur latent vorhandenes geistiges Potential aktiviere. Vielleicht, so argumentierte er, würden diese Erfahrungen helfen, eine höhere Form des Bewußtseins zu erlangen.

Ring stellte fest, daß es keine systematischen Untersuchungen über die Häufigkeit solcher transzendentalen Erfahrungen gibt. Aber er verweist auf eine 1982 vom Gallup-Institut durchgeführte Umfrage, nach der einer von 20 Amerikanern schon einmal ein Todesnähe-Erlebnis hatte.

Die Untersuchungen werden fortgeführt, und auch die Diskussion hält an. Die Existenz des Phänomens selbst wird weithin anerkannt. Kaum jemand bezweifelt, daß die Betroffenen aufrichtig über ihre Erfahrungen berichten, wenngleich deren Ursprung nach wie vor umstritten ist. Trotz eines Jahrhunderts aktiver Forschung ist die entscheidende Frage noch immer die gleiche wie in den 80er Jahren des letzten Jahrhunderts: Sind Todesnähe-Erfahrungen ein Beweis für ein Leben nach dem Tod? Oder gibt es für sie eine psychologische oder physiologische Erklärung?

Skeptiker erheben gegen die Überlebenstheorie eine Reihe von Einwänden. So machen beispielsweise die meisten Menschen, die dem Tod nahe gewesen sind, keine Todeserfahrung, und manche kehren mit der Erinnerung an alptraumähnliche Erlebnisse zurück. Darüber hinaus wird die von Moody beschriebene typische Todeserfahrung auch von Menschen erlebt, die gar nicht in einer Todessituation sind, also kann sie nicht unbedingt nur mit dem Sterben zusammenhängen. Und schließlich stammen die Zeugnisse für Todesnähe-Erfahrungen ausschließlich von Lebenden. „Klinisch tot" ist ein unpräziser Begriff, der gern von denen benutzt wird, die todesnahe Erfahrungen gemacht haben. Da aber keiner der Betroffenen wirklich gestorben ist, gibt es keinerlei Beweise dafür, was mit Menschen geschieht, die tatsächlich sterben.

Die Gegner der Überlebenstheorie spalten sich gewöhnlich in zwei Lager: Die einen bezeichnen Todesnähe-Erfahrungen als Konstruktionen des Geistes, Illusionen, ausgelöst durch die Streßsituation des nahenden Todes, die anderen meinen, es handle sich um Halluzinationen, die durch chemische Veränderungen im absterbenden Gehirn verursacht würden. Die Entpersönlichungs-Theorie von Russell Noyes ist eine solche psychologische Erklärung, wobei er einräumt, daß sie nicht alle Aspekte mystischen Bewußtseins erfaßt. Einige Beobachter haben die Todeserfahrung einem Archetypus gleichgesetzt, einer Art universellem Urbild, das im Unbewußten eines jeden Menschen gespeichert ist und nur in Extremsituationen zum Tragen kommt. Andere tendieren zu einer physiologischen Erklärung und verweisen auf Ähnlichkeiten zwischen Todesnähe- und Drogenerlebnissen. (So wird über Tunnelerlebnisse beispielsweise auch oft während LSD-Trips berichtet.) Auch Narkosen, so die These, könnten für solche Erfahrungen verantwortlich sein. Oder das überanstrengte Gehirn selbst leidet unter einer chemischen Funktionsstörung beziehungsweise reagiert auf einen Sauerstoffmangel, der bei Sterbenden häufig auftritt. Auch dies könnte Ursache dieser lebhaften Visionen sein.

Da Todesnähe-Erfahrungen nach wie vor rätselhaft sind, hat sich inzwischen ein eigenes Forschungsgebiet gebildet. So waren 1986 allein in den USA mindestens 40 Gelehrte und Forscher in der Sterbeforschung tätig. Ferner befaßt sich *Anabiosis,* ein von der IANDS herausgegebenes Fachjournal, mit diesem Thema. Psychologische und psychiatrische Fachbücher setzen sich mit Todesnähe-Erfahrungen auseinander. Ebenso wurden schon Doktorarbeiten zu diesem Thema verfaßt.

In der Zwischenzeit hat sich die Forschung aber sehr viel stärker spezialisiert. Zur Zeit führen Forscher vergleichende Studien in verschiedenen Kulturen durch, um festzustellen, ob todesnahe Erlebnisse wirklich ein universelles Phänomen sind; sie untersuchen die Erfahrungen bestimmter Bevölkerungsgruppen, etwa von Kindern, Blinden und Strafgefangenen. Ärzte haben neurophysiologische Experimente entwickelt, mit deren Hilfe sie beurteilen können, welche Rolle möglicherweise Endorphine (körpereigene schmerzlindernde Hormone) und andere natürliche chemische Stoffe spielen.

Das vorhandene Wissen über Todesnähe-Erfahrungen scheint bereits Auswirkungen zu haben, denn offenbar reduziert allein schon die Kenntnis der Forschungsergebnisse bei den meisten Menschen die Angst vor dem Sterben und dem Tod. Krankenschwestern, Therapeuten, Geistliche, Sozialarbeiter und Bestattungsunternehmen nutzen die Informationen über todesnahe Erlebnisse, um in Krankenhäusern und Pflegeheimen die Angst vor dem Tod vermindern zu helfen.

Die Sterbeforschung überrascht weiterhin mit immer neuen Ergebnissen. So wurde beispielsweise 1986 bei einer Untersuchung, in der man die Psychoanalysen von 19 Patienten mit Todesnähe-Erfahrung auswertete, festgestellt, daß die Untersuchten bereits zu Beginn der Therapie die Fähigkeit zur freien Assoziation besaßen, also den Geist ohne Hemmungen schweifen lassen konnten. Der Verfasser der Studie, der Psychiater David Raft, behauptet, frei assoziieren könnten gewöhnlich nur Patienten, die eine jahrelange erfolgreiche Analyse hinter sich hätten, oder aber „ein spiritueller Adept, der die Kunst der religiösen Kontemplation gemeistert hat".

Seit Jahrhunderten haben Philosophen über das sogenannte „Leib-Seele-Problem" diskutiert, das sich damit beschäftigt, wie ein immaterieller Geist mit einem materiellen Körper eine Einheit bilden kann. Vielleicht wird es darauf eines Tages eine Antwort geben, wenn alle Spielarten außerkörperlicher Erfahrung besser erklärt werden können.

Rückkehr aus einer anderen Welt

Forschern zufolge, die sich mit Todesnähe-Erfahrungen befassen, wird dieses Erlebnis von jedem Betroffenen anders geschildert. Trotzdem weisen die Berichte unabhängig von Alter, Geschlecht, sozialem Status oder religiöser Überzeugung des Erzählenden und der Ursache seines „Todes" in vieler Hinsicht erstaunliche Ähnlichkeiten auf. Die einzelnen Elemente können in unterschiedlicher Reihenfolge erscheinen, und es treten auch nicht immer alle auf, dennoch läßt sich ein gewisses Muster erkennen.

Das Bemerkenswerteste an den Schilderungen ist sicherlich, daß sie die Vorstellung widerlegen, der Tod sei etwas Schreckliches und Endgültiges. Vielmehr haben ihn jene, die an dem Abgrund standen, als einen angenehmen und friedvollen Übergang in eine Sphäre erlebt, die so großartig war, daß sie sich jeder Beschreibung entzieht. Diese jenseitige Welt scheint nur ganz entfernte Ähnlichkeit mit der unseren zu haben. Sterben bedeutet demnach, Farben, Formen und Klänge zu erfahren, für die sich keine Worte finden lassen, da sie außerhalb des normalen menschlichen Wahrnehmungsvermögens liegen.

Einige Forscher meinen, daß Todesnähe-Erfahrungen den Betroffenen einen kurzen, faszinierenden Eindruck von einem transzendenten Seinszustand gewähren, der uns alle nach unserem Tod erwartet. Andere glauben, daß sie lediglich ein Beispiel für den tätigen, unbezwingbaren Geist des Menschen sind, der sich auf diese Weise einen großartigen Abgang aus der einzigen Wirklichkeit, die wir kennen können, verschafft. Doch was todesnahe Erfahrungen auch sein mögen – sie weisen erstaunliche Parallelen auf. Obgleich sich die Details der Berichte unterscheiden, gleichen sich die zentralen Phasen meist. Auf den folgenden Seiten sind typische Stationen einer Todesnähe-Erfahrung illustriert.

Bei einem Verkehrsunfall ist der Fahrer dieses Wagens dem Tode nahegekommen oder vielleicht sogar tatsächlich gestorben. Dennoch weiß er um seine Situation. Irgendwie funktioniert sein Wahrnehmungsvermögen, und doch scheint er von seinem physischen Körper losgelöst. Er ist Zuschauer bei seinem eigenen Tod. Ruhe und Frieden erfüllen ihn. Er hat weder Schmerzen noch Angst. Dann nimmt er einen dunklen Raum wahr, eine Art Tunnel, und er spürt, wie er durch ihn hindurchschwebt. Dieses Gefühl ist angenehm und tröstlich.

Am anderen Ende des Tunnels sieht der Verunglückte Freunde und Verwandte, die bereits gestorben sind. Er erkennt, daß sie gekommen sind, um ihm den Übergang vom Leben zum Tod zu erleichtern. Dann sieht er ein Licht. Zuerst ist es schwach, aber dann wird es rasch unbeschreiblich klar, leuchtend und anziehend. Er spürt, daß in dem Licht ein Wesen ist, das auf irgendeine Weise auch das Licht selbst sein mag und bedingungslose und allumfassende Liebe ausstrahlt.

Wie der Verunglückte erkennt, ist es der Wunsch des Wesens, daß er sein Leben noch einmal betrachtet. Aber dies hat nichts mit einem Urteil oder einer Verurteilung zu tun. Der betroffene Mensch bleibt umfangen von dem Gefühl, geliebt und angenommen zu sein, während vor ihm rasch wechselnde Bilder entstehen, die Summe und Essenz der Erfahrungen und Gedanken seines Lebens sind. Dieser Vorgang erscheint wie ein Moment und eine Ewigkeit zugleich, und er stellt den Verunglückten vor eine Wahl: Er kann sterben oder zurückkehren, um in seinem Leben etwas in Ordnung zu bringen, das unerledigt blieb.

Der Verunglückte kehrt durch den Tunnel zurück und wacht in seinem physischen Körper wieder auf. Er bemerkt, daß man versucht, ihn wiederzubeleben. Zwar ist er nicht gestorben, aber sein Leben hat sich von Grund auf verändert. Vermutlich wird er sich fortan nicht mehr vor dem Tod fürchten, wie er es einst getan hat. Gleichzeitig ist möglicherweise seine Achtung vor dem Leben größer geworden wie auch sein Sinn für spirituelle Werte, die der materiellen Welt zugrunde liegen.

PARAMEDIC

Die Erforschung vergangener Inkarnationen

Eine junge Frau begibt sich bei einem Psychotherapeuten in Behandlung, weil sie unter Klaustrophobie leidet. Während der Therapiestunde sieht sie sich plötzlich im Laderaum eines Sklavenschiffes gefangen. Ein Mann, der von marternden Kopfschmerzen gequält wird, schildert unter Hypnose, wie er in einem früheren Leben an einem Gehirntumor starb. Eine Schriftstellerin, die unfähig ist, ihre Bücher jeweils zu Ende zu schreiben, kommt im Laufe der Analyse zu der Überzeugung, daß sie während eines früheren Lebens im kolonialistischen Amerika wegen Ketzerei verfolgt wurde.

Diese Menschen glauben – wie auch andere auf der Welt –, daß die Ursache ihrer Probleme möglicherweise in der Vergangenheit liegt – aber nicht etwa in ihrer Kindheit, sondern in einem früheren Leben. Mit diesen Leben beschäftigt sich heute eine immer größere Zahl von Beratern und Psychologen, die sich auf ein Gebiet spezialisiert haben, das man Regressions- oder Reinkarnations-Therapie nennt. Während einer solchen Therapie werden die Patienten aufgefordert, sich an die Zeit vor ihrer Geburt zu erinnern und Zusammenhänge zwischen diesen vermeintlichen Existenzen und ihrem jetzigen Leben zu suchen.

Zu diesen Beratern gehört Dr. Garrett Oppenheim, ein Psychotherapeut in Tappan im Staat New York. Oppenheim nimmt nicht für sich in Anspruch, die Realität der Wiedergeburt bewiesen zu haben. Wie er aber sagt, können seine Patienten die Einflüsse, von denen ihr Leben bestimmt wird, besser verstehen, wenn sie diese Szenen visualisieren, was immer ihr Ursprung ist und wie bruchstückhaft und unbeweisbar sie auch sein mögen. Seine Klientin Monica (der Name wurde geändert) pflichtet ihm da bei. 1986 besuchte sie Vorträge, in denen Oppenheim über Rückführungen in frühere Leben sprach, und bald darauf wurde sie seine Patientin. Sie glaubt, unter Hypnose herausgefunden zu haben, daß sie einmal als Mann im amerikanischen Südwesten lebte. Auf den folgenden sechs Seiten wird ihre Geschichte mit ihren Worten erzählt und mit historischen Photos illustriert.

Monica, die von dem Psychotherapeuten Dr. Garrett Oppenheim in Hypnose versetzt wurde, sieht in diesem Zustand Bilder, die aus einem früheren Leben zu stammen scheinen und wie ein lebendiger Film vor ihren Augen ablaufen.

In jenem Leben hieß ich John Ralph Wainwright. An meine ersten Lebensjahre erinnere ich mich nicht, aber ich weiß, daß ich Ende des 19. Jahrhunderts auf einer Ranch bei Wisconsin in Arizona aufwuchs. Die Ranch bestand aus drei Gebäuden und einem großen Haus mit vielen Sprossenfenstern. Meine Eltern arbeiteten schwer, aber uns ging es gut. Mein Vater war ein bekannter Pferdehändler.

Ich hatte wohl Geschwister, aber ich könnte nicht sagen, wie viele oder wer sie waren. Einmal ging ich während einer Regression zurück zu einer Szene an einem Eßtisch; es befanden sich viele Kinder dort, aber möglicherweise waren darunter einige Kinder von Knechten. Meist kehre ich zu Erlebnissen zurück, die in meinem früheren Leben große Bedeutung hatten und in denen Menschen vorkommen, die ich auch in meinem jetzigen Leben kenne. Ich vermute daher, daß meine Geschwister aus jenem Leben in meinem heutigen Leben keine Rolle spielen.

Als junger Mann wurde ich Hilfssheriff. Mir machte die Arbeit Spaß, denn ich konnte viel im Freien sein und mußte nicht die ganze Zeit an einem Schreibtisch sitzen. So geht es mir auch in meinem jetzigen Leben – ich bin nicht gern eingesperrt.

Schließlich heiratete ich ein Mädchen namens Lu-Anne Simmons. Sie war die Tochter eines Bankpräsidenten, und ich nahm eine Stelle in der Wiscon Valley Bank an. Die Arbeit gefiel mir überhaupt nicht, und so entschloß ich mich nach einigen Jahren, wieder Sheriff zu werden. Ich erinnere mich, daß ich Hüte haßte, und wenn ich einen Hut zu meiner Uniform tragen mußte, schob ich ihn immer in den Nacken. Ich war überall als „Sheriff ohne Hut“ bekannt. Heute geht es mir nicht anders. Kopfbedeckungen kann ich einfach nicht ertragen.

Der 7. Juli 1907 war mein Todestag. Ich weiß das Datum genau, denn als ich unter Hypnose zu jenem Ereignis zurückkehrte, schaute ich auf den Kalender, der auf dem Schreibtisch lag. Ich glaube, es war ein Sonntag, und ich ging ins Büro, um Papierkram zu erledigen. Meinen Sohn Joshua hatte ich mitgenommen. Ich saß da und sann gerade darüber nach, wie glücklich mein Leben war, als drei Männer mit gezogenen Pistolen zur Tür hereinstürzten. Ich erinnere mich nicht, wer sie waren – vielleicht Männer, die ich mal ins Gefängnis gebracht hatte. Ich sprang auf, und einer von ihnen erschoß mich. Es ist merkwürdig, aber wenn ich zu dieser Szene zurückkehre, dann höre ich die Schüsse, die mich treffen, aber ich spüre keinen Schmerz.

Der Umstand, daß ich starb, als ich gerade glücklich war, mag der Grund dafür sein, warum ich in meinem jetzigen Leben unbewußt alles gemieden habe, was mich hätte glücklich machen können. Aber ich glaube, jetzt bin ich darüber hinweg. Ich wurde 1943 wiedergeboren.

KAPITEL 3

Erinnerungen an frühere Leben

Der kleine Sujith war 1971 noch keine zwei Jahre alt, als er seiner Familie von einem früheren Leben zu erzählen begann. Er drückte sich mit dem begrenzten Wortschatz eines Kleinkindes aus, und wo es an Worten fehlte, benutzte er Laute und Gesten. Wie Sujith sagte, hatte er in seinem vergangenen Leben Sammy geheißen und war Arbeiter bei der Eisenbahn gewesen. Später habe er dann schwarzgebrannten Arrak verkauft, einen hochprozentigen Schnaps, der aus Reis, Melasse und anderen Zutaten destilliert wird. Als Sammy hatte er in dem Dorf Gorakana gelebt, etwa zwölf Kilometer südlich von seinem jetzigen Zuhause am Stadtrand von Colombo, der Hauptstadt von Sri Lanka (ehemals Ceylon). Weiter berichtete er, seine – oder Sammys – Frau habe Maggie geheißen, und als er eines Tages betrunken gewesen sei und sie sich gestritten hätten, sei er hinaus auf die geschäftige Hauptstraße vor ihrem Haus getreten, wo ihn ein vorbeifahrender Lastwagen erfaßt und getötet hatte. Immer wieder verlangte das Kind, nach Gorakana gebracht zu werden, und sehr früh fand der Knabe auch Geschmack an Zigaretten und Arrak.

Sujiths Mutter Nandanie, die sich bald nach der Geburt des Jungen von seinem Vater getrennt hatte, war über dieses Verhalten nicht besonders erstaunt. Zwar kannte weder sie noch irgendein Verwandter einen Menschen in Gorakana, und keiner von ihnen wußte, ob dort jemals ein Alkoholschmuggler namens Sammy gelebt hatte. Aber wie die meisten Bewohner Sri Lankas waren sie Buddhisten und glaubten an die Idee der Wiedergeburt, nach der jeder Mensch eine unabhängig vom physischen Selbst existierende Seele besitzt, die den Tod überdauert, um einige Zeit später – zumeist ohne Erinnerung an ein früheres Leben – in einem anderen Körper wiedergeboren zu werden. Es war für sie daher keineswegs unvorstellbar, daß in dem kleinen Sujith vielleicht die Seele eines streitsüchtigen Trunkenboldes aus einer Nachbarstadt weiterlebte, aus dessen Leben er zu erzählen wußte. So erhob die Mutter auch keine Einwände, als eines Tages aus einem nahe gelegenen Tempel ein Mönch kam, der von dem Jungen gehört hatte und die Angelegenheit untersuchen wollte.

Der Mönch sprach lange mit Sujith, notierte sich die wichtigsten Einzelheiten seiner Geschichte und wählte 16 Angaben über sein vergangenes Leben aus, um sie zu überprüfen. Dann begab er sich mehrere Male nach Gorakana, wo er für fast alle Punkte eine Bestätigung fand. So entdeckte er beispielsweise, daß bis sechs Monate vor Sujiths Geburt in Gorakana ein Mann namens Sammy Fernando gelebt hatte. Dieser Sammy war ein ehemaliger Eisenbahnarbeiter und Arrakhändler gewesen. Seine Frau hatte Maggie und sein Vater Jamis geheißen. Leute in Gorakana bestätigten, daß Sammy Fernando kurz nach einem Streit mit seiner Frau vor seinem Haus von einem Lastwagen überfahren worden war. Der Tote war, wie sie hinzufügten, trunksüchtig und gewalttätig, gelegentlich aber auch großzügig gewesen und häufiger mit der Polizei in Konflikt geraten. Auch Zigaretten hatte er geraucht.

Es dauerte nicht lange, da fiel Ian Stevenson, Professor für Psychiatrie an der University of Virginia, ein Zeitungsartikel mit einem Bericht über Sujith in die Hände. Stevenson gilt seit den frühen 60er Jahren als der führende Fachmann für Reinkarnation oder Metempsychose, wie sie auch genannt wird. Dieser zurückhaltende, publizitätsscheue Wissenschaftler befaßt sich mit einem Gebiet, auf dem es an schillernden Gestalten nicht mangelt, und hat im stillen eine riesige und außergewöhnliche Sammlung an Reinkarnations-Fällen zusammengetragen, die heute mehr als 2000 Berichte umfaßt.

Wenn Stevenson von einem vielversprechenden Fall erfährt, reist er in die Heimat des Betreffenden und belagert ihn regelrecht. Er sucht auch jenen Ort auf, an dem die Person angeblich in der früheren Inkarnation lebte. (Zwischen 1966 und 1977 legte Stevenson auf diese Weise pro Jahr durchschnittlich 90 000 Kilometer zurück.) Er macht Dutzende von Tonbandinterviews und kehrt oft Jahre später noch einmal an dieselben Orte zurück, um seine Untersuchungen zu vervollständigen. Um Fakten zu sammeln, geht er nach seinen eigenen Worten wie ein Jurist, ein Psychiater, ein Historiker und ein Detektiv zugleich vor.

Auch bei Sammys Fall ließ Stevenson die übliche Gründlichkeit walten. 1973 reiste der Psychiater nach Sri Lanka und führte mit allen Betroffenen Gespräche, so auch mit Sujith, der mittlerweile dreieinhalb Jahre alt war, und Sammys Witwe Maggilin Fernando. Dabei konnte er von Sujiths Angaben über sein früheres Leben 59 erhärten. Darüber hinaus entdeckte Stevenson Parallelen zwischen dem Verhalten des Kindes und dem jener Person, an deren Leben es sich zu erinnern behauptete – etwa eine Vorliebe für scharfgewürzte Speisen und für eine besondere Art von Hemden und Sarongs, was für ein kleines Kind ungewöhnlich war. Beide sangen begeistert, fluchten freimütig, neigten zur Gewalt und gingen bemerkenswert großzügig mit ihrem kärglichen Besitz um. Das Kind verhielt sich sogar in der Gegenwart von Polizisten merkwürdig vorsichtig und hatte große Angst vor Lastwagen, was ebenfalls Parallelen zu Sammys Leben zu haben schien. Auch erkannte Sujith bei einem Treffen sofort verschiedene Mitglieder aus Sammys Familie. Maggilin nannte er Maggie, und er gab ihr noch andere Kosenamen, die Sammy einst benutzt hatte. Als der Knabe schließlich ausrief: „Ich liebe dich, Maggie", und sie dann für seinen Tod verantwortlich machte, brach sie in Tränen aus.

Stevensons Arbeit vor Ort erbrachte keinen Beweis dafür, daß sich Sujiths und Fernandos Familie bereits früher gekannt hatten. Die engste Verbindung, die zwischen den beiden Familien bestand, war ein früherer Zechgenosse von Sammy, der Sujiths Familie flüchtig kannte, aber sowohl dieser Mann als auch Sujiths Mutter und Großmutter verneinten, jemals miteinander über Sammy gesprochen zu haben. Auch schien Sujiths launisches Verhalten und das sofortige Wiedererkennen von Sammys Verwandten die Möglichkeit auszuschließen, daß das Kind etwas vortäuschte, phantasierte oder von jemandem für einen sorgfältig geplanten Schwindel benutzt wurde. Stevenson konnte diesen Fall nur als Wiedergeburt erklären. Er nahm Sujiths Geschichte in den zweiten Band seiner Reihe *Cases of the Reincarnation Type* auf und bezeichnete ihn als einen der überzeugendsten Fälle, die er kenne.

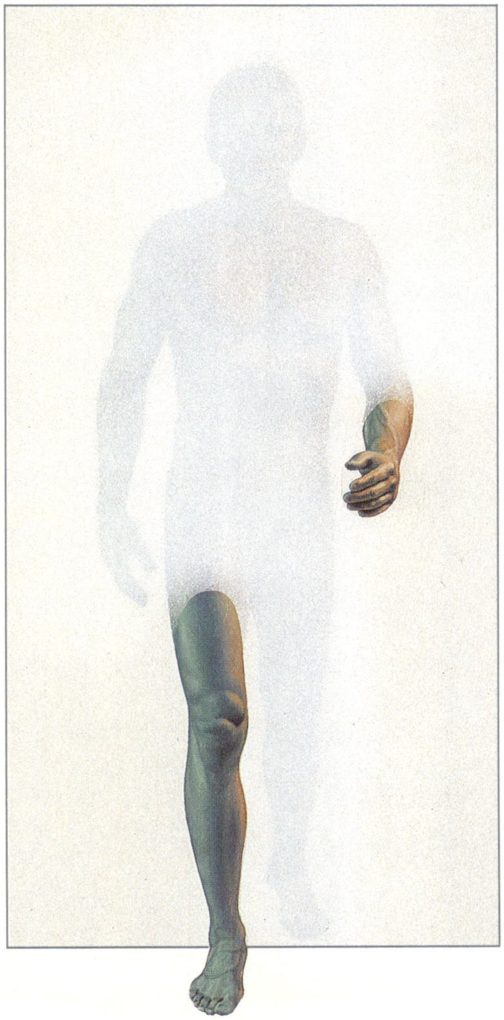

Gegenstand systematischer Untersuchungen ist die Reinkarnation erst seit kurzem, doch der Glaube an die Wiedergeburt hat eine lange Tradition, die möglicherweise bis in die Steinzeit, etwa 12 000 Jahre, oder noch weiter zurückreicht. Archäologischen Funden zufolge wurden die Toten zu dieser Zeit in Fötushaltung bestattet, was vermuten läßt, daß die Menschen der Vorzeit die Körper

der Toten für eine wirkliche Wiedergeburt der Seele vorbereiteten. Das Phänomen der Reinkarnation hat in zahlreichen primitiven Kulturen auf der ganzen Welt, bei Völkern in abgelegenen Regionen Afrikas, Asiens, Australiens und Amerikas, eine wichtige Rolle gespielt, und so ist es auch heute noch.

Der Reinkarnations-Gedanke fand auch Eingang in die religiösen Vorstellungen höherentwickelter Kulturen; er reicht bis in die Frühgeschichte zurück. So legten beispielsweise die alten Ägypter ihren Toten Schriftstücke mit in den Sarg, auf denen sie den Verstorbenen ihre Tugenden bescheinigten. Damit hofften sie den Gott Osiris dazu bewegen zu können, den Toten weitere Leben zu gewähren. Nach dem griechischen Historiker Herodot, der ausführlich über ägyptische Funde berichtete, glaubten die Ägypter, daß für die von einer Seele zu durchlaufenden Leben 3000 Jahre notwendig seien.

Die Wiedergeburt spielte auch in den Lehren vieler Philosophen und Mystiker des alten Griechenlands eine Rolle. So behauptete der Mathematiker und Mystiker Pythagoras im 6. Jahrhundert v. Chr., schon viele Leben gelebt zu haben, zum Beispiel als trojanischer Krieger, Prophet, Bauer, Hure und Krämer. Einmal fiel er einem Mann, der ein junges Hündchen schlug, mit der Begründung in den Arm, es sei die Seele eines Freundes. Wie er sagte, hatte er sie sofort erkannt, als er den Hund heulen hörte. Auch der griechische Philosoph Platon war völlig von der Wiedergeburt überzeugt. Im 4. Jahrhundert v. Chr. stellte er die Theorie auf, daß die Seele im Laufe einer Reihe von Erdenleben durch neun Stufen der Rechtschaffenheit allmählich emporsteigt (oder herabsinkt). Diesen Vorgang beschreibt er in seinem Werk *Phaidros.* Auf der niedrigsten Stufe stehen Tyrannen und andere zutiefst verworfene Menschen. Aber wie Platon sagt, steigen die Rechtschaffenen allmählich empor zu höheren Ebenen, bis die Seele schließlich in den Körper eines Wettkämpfers oder Heilenden (vierte Stufe), eines Politikers oder Ökonomen (dritte Stufe) und eines gerechten Kriegers oder Königs (zweite Stufe) eintritt.

Wenn sich die Seele endlich der wahren Erleuchtung als wert erwiesen und sich ganz von der Abhängigkeit der materiellen Welt gelöst hat, kann sie im Körper eines Menschen wiedergeboren werden, der ein Freund der Weisheit oder der Schönheit ist, musische Bildung hat oder sich auf die Kunst der Liebe versteht. Erst dann ist die Seele bereit, aus dem Kreislauf der Wiedergeburt auszuscheiden, um in einer himmlischen Sphäre der vollkommenen Erleuchtung ewigen Frieden zu finden.

Das klassische Konzept der Reinkarnation hatte eine subversive Wirkung auf das frühe Christentum. Damals wie heute gilt die Idee der Wiedergeburt bei den meisten Theologen als ketzerisch, denn nach orthodoxer christlicher Lehre kommen die Seelen der Verstorbenen direkt in den Himmel, die Hölle oder das Fegefeuer.

Unter den Christen mit abweichender Meinung ist der griechische Kirchenschriftsteller Origenes erwähnenswert, der im 3. Jahrhundert in Alexandria in Ägypten lebte. Origenes vertrat eine Art neuplatonisches Christentum, zu dem auch der Reinkarnations-Gedanke gehörte. In einer der wenigen Schriften, die von seinem Werk überliefert sind, erläutert er, wie er die

Dieses Gemälde aus dem 18. Jahrhundert zeigt den Gott Vishnu in seiner Inkarnation als das weiße Pferd Kalki. Nach der hinduistischen Lehre müssen Seelen verschiedene Inkarnationen als Tiere und Menschen durchleben, bevor sie sich mit dem Brahma, dem allumfassenden göttlichen Prinzip, vereinigen können. Jede Wiedergeburt wird vom Karma bestimmt, der Summe allen Denkens und Tuns im vergangenen Leben.

Wiedergeburt versteht. Wie er meint, sei jedem, der auf die Erde herabkomme – entsprechend seinen Verdiensten oder der Stellung, die er dort innehatte –, vorherbestimmt, in dieser Welt an einem anderen Ort, in einem anderen Land, mit anderen Eigenheiten geboren zu werden. Und so geschehe es manchmal, daß ein Israelit unter Skythen auf die Welt komme und ein armer Ägypter in Judäa.

Im Jahre 400 wurde Origenes von Papst Anastasius I. posthum wegen seiner ketzerischen Ansichten zum Thema der Wiedergeburt verurteilt. Dennoch wirkte seine Lehre in einem Maße fort, daß er und seine Anhänger im 6. Jahrhundert auf dem 2. Konzil von Konstantinopel endgültig verurteilt wurden.

Offenbar aber hatte auch die Verurteilung durch das Konzil keine nachhaltige Wirkung. Bis zum 12. Jahrhundert hatten sich etwa 70 ketzerische Sekten gebildet, die alle an die Wiedergeburt glaubten. Den vermutlich größten Einfluß hatte eine Gruppe von Häretikern, die als Albigenser (nach der südfranzösischen Stadt Albi) oder Katharer („die Reinen") bezeichnet wurden. Nach ihrer Auffassung waren Menschenseelen gefallene Geistwesen, für die eine Inkarnation als Mensch eine Zeit der Bewährung und Buße darstellte. Die Seelen Rechtschaffener wurden in einem Körper wiedergeboren, der zu noch größerer spiritueller Entwicklung fähig war. Ein verworfener Lebenswandel konnte nur zu einer Wiedergeburt in einem Körper voll Schmerzen, Leiden und noch Schlimmerem führen. Darüber hinaus lehnten die Kartharer weltliche Dinge wie Musik, päpstlichen Reichtum und den hohen Lebensstandard vieler Geistlicher ab. Schließlich wurden sie von der Kirche verfolgt und ausgerottet *(S. 100–101),* und einmal mehr erklärte man die Wiedergeburt als unvereinbar mit der christlichen Glaubenslehre.

Auch in fernöstlichen Ländern kann die Idee der Wiedergeburt bis in alte Zeiten zurückverfolgt werden, und sie ist bis heute eine zentrale Lehre der großen Religionen geblieben. Zum vermutlich erstenmal schriftlich niedergelegt ist diese Idee in den Upanischaden, dem letzten Teil einer riesigen Sammlung von traditionellen Hymnen oder Veden. Diese wurden von den Hohenpriestern der arischen Völker gehütet, welche um 1500 v. Chr. in Indien einfielen. Wie es in den Upanischaden heißt, hat das individuelle Ego oder die Seele *(atman)* ihren Ursprung in einer transzendenten geistigen Uressenz. Der *atman* beginnt seine Existenz in einem unreifen Stadium, und um Weisheit und spirituelle Reife zu erlangen, muß er einen endlosen Kreislauf von Wiedergeburt, Leiden und Tod erdulden. Mit jedem neuen Leben nimmt er eine neue physische Gestalt – als Mensch, als Tier oder selbst als Pflanze – an. Ob diese höher oder niedriger ist als die vorangegangene, wird durch das Karma – das moral-ethische Verhalten im vorherigen Leben – bestimmt. Nach dem Gesetz des Karma wird jede Tat, jeder Gedanke, jedes Verhalten und jede Absicht unweigerlich bestraft oder belohnt, und daher wird der günstige oder ungünstige Verlauf des nächsten Lebens durch den *atman* bestimmt. Destruktives, aggressives Tun oder Taten, die anderen Lebewesen in irgendeiner Weise Schaden zufügen, sollen das Karma besonders negativ beeinflussen, ebenso wie passives Verhal-

Dieser aus dem 19. Jahrhundert stammende Holzschnitt von Émile Bayard stellt den Märtyrertod der Katharer durch die Inquisition dar.

Die Rückkehr der Katharer

Im mittelalterlichen Frankreich erlebte eine christliche Sekte ihre Blüte, die an die Wiedergeburt wie auch an den Dualismus von Geist und Materie, Gut und Böse glaubte. Ihre Mitglieder nannten sich Katharer (von *cathari* – die Reinen); in Südfrankreich hatten die Albigenser (ein nach der Stadt Albi benannter Zweig der Katharer) unter dem Adel zahlreiche Anhänger. Die Katharer waren der römisch-katholischen Kirche ein Dorn im Auge, die sie als Ketzer und als Bedrohung der kirchlichen Macht betrachtete. Nach langen Kämpfen eroberten die Katholiken schließlich die katharische Festung Montségur in den französischen Pyrenäen. 1244 wurden 210 Katharer, die sich standhaft weigerten, ihrem Glauben abzuschwören, in Toulouse auf dem Scheiterhaufen verbrannt.

Für den englischen Psychiater Arthur Guirdham war dies nichts als Geschichte, bis im Jahre 1962 eine junge Frau zu ihm kam, die über schreckliche Alpträume klagte. Während der nächsten vier Jahre offenbarte „Mrs. Smith" ihm, wie Guirdham sie nannte, eine Flut seelischer Qualen. Häufig handelte es sich um vermeintliche Erinnerungen an ein Leben unter Katharern im Frankreich des 13. Jahrhunderts. Schon in ihrer Schulzeit hatte Mrs. Smith in ihrer Phantasie einen Katharer namens Roger geliebt und in ihre Schulhefte Zeilen provenzalischer Gedichte geschrieben, die er ihr vorgetragen hatte.

Die katharische Festung Montségur am Fuße der Pyrenäen schien uneinnehmbar, doch schließlich fiel sie 1244 nach der Belagerung durch die Katholiken.

Irgendwie schienen dem Psychiater ihre Schilderungen vertraut, und als er sich mit der Geschichte der Katharer befaßte, stellte Guirdham fest, daß ihre Erzählungen geradezu unheimlich präzise waren. So sagte sie beispielsweise, daß die Katharer dunkelblaue Kutten getragen hätten. Guirdham wußte, daß nach der gängigen Meinung der Historiker die Kutten schwarz gewesen waren, aber dann suchte er einen Fachmann auf, der ihm sagte, neuesten Forschungen zufolge seien die Kutten tatsächlich dunkelblau gewesen.

Mit der Zeit gelangte Guirdham zu der Auffassung, daß er selbst die Reinkarnation von Mrs. Smiths Roger sei – eines gewissen Roger-Isarn de Fanjeaux, der 1243 im Gefängnis gestorben war. Als seine Geliebte hatte man Mrs. Smith damals mit den Katharern auf dem Scheiterhaufen verbrannt.

Schließlich fand sich um den Psychiater ein Kreis von acht Personen zusammen, die sich alle an ein Leben als Katharer zu erinnern glaubten. Die Gruppe wurde von offenbar paranormalen Geschehnissen begleitet. Wie es hieß, erhielt sie Besuch von katharischen Geistwesen, und am Jahrestag des katharischen Martyriums litten einige Gruppenmitglieder unter heftigen Schmerzen. Eine Frau soll sogar ein Stigma aus Brandblasen getragen haben.

Guirdham wurde Unwissenschaftlichkeit vorgeworfen, und als unabhängige Forscher seine Geschichte überprüfen wollten, zeigte er sich wenig kooperativ. Dennoch behauptete er, daß er und die anderen sich mehrmals als Gruppe inkarniert hätten. Er schrieb auch drei äußerst faszinierende Bücher über dieses Thema.

Diese Zeichnung soll ein Mitglied aus Guirdhams Kreis im Alter von sieben Jahren angefertigt haben. Wie es heißt, zeigt sie zwei von den Katharern getötete Inquisitoren. Darüber hinaus bemühte sich die kleine Engländerin anscheinend, „Avignonet" zu schreiben – den Namen eines Ortes, an dem Katharer einem Massaker zum Opfer fielen.

ten, das solch destruktives Handeln begünstigt. Nach dem gleichen Gesetz kann körperliche und geistige Selbstdisziplin, wie man sie beispielsweise durch Yogaübungen erlangt, zu einem positiven Karma beitragen. Durch sie kann der *atman* menschliche Irrtümer und Begierden ausschalten. Wenn er schließlich alle in der menschlichen Natur latent vorhandenen Fähigkeiten entwickelt und vollständige spirituelle Erkenntnis erlangt hat, endet seine Reise in einer transzendenten Vereinigung mit dem Weltgeist.

Diese neue Metaphysik floß in ihren Grundzügen in die meisten großen, im alten Indien entstandenen Religionen ein – in den Brahmanismus oder Hinduismus, der sie fast vollständig übernahm, und in den Buddhismus und Dschainismus, die sich etwas später entwickelten und den Wiedergeburtsgedanken abwandelten. So lehnen beispielsweise die Buddhisten die Vorstellung ab, daß die Seele von einem Leben zum nächsten unverändert fortbesteht. Vielmehr glauben sie, daß der Mensch nach seinem Tod in einem dynamischen Gespinst aus Persönlichkeit, Charakterzügen und Erinnerungen weiterlebt, das sich ständig verändert, ähnlich wie Genmaterial ununterbrochen von Generation zu Generation weitergegeben wird und dabei jedesmal eine andere Form annimmt. Eine Wiedergeburt ist in einer von fünf Klassen möglich: als Gott, Mensch, Tier, „hungriger Geist" oder Verdammter. Nach buddhistischer Lehre endet die Wiedergeburt, wenn schließlich die drei „Feuer" – Gier, Haß und Verblendung – erloschen sind. Dann erreicht man einen Zustand und einen Ort, der mit dem Wort Nirwana bezeichnet wird.

Ein neues Interesse an der Idee der Wiedergeburt erwachte Mitte des 19. Jahrhunderts in Europa und Amerika, als auch der Spiritismus in Mode kam. Das Wort Reinkarnation selbst wurde in den 60er Jahren des letzten Jahrhunderts von Allan Kardec (ein Pseudonym des französischen Arztes Hippolyte Léon Denizard Rivail) eingeführt. Dieser bedeutende Spiritist beschäftigte sich in seinem *Buch der Geister* ausführlich mit dem Phänomen der Wiedergeburt, die er eher für eine Sache der eigenen freien Entscheidung als für eine Notwendigkeit hielt. Nach Kardec hatten Geistwesen, die mit dem Stand ihrer spirituellen Entwicklung unzufrieden waren, die Möglichkeit zurückzukehren, ebenso wie jene, die sich für ihnen zugefügtes Unrecht rächen wollten. Und wie er schrieb, wurden sich Lebende mitunter durch spontane Erinnerungen oder Träume eines früheren Lebens bewußt.

Mit der Gründung der englischen Society for Psychical Research im Jahre 1882 erhielt die Idee der Wiedergeburt weiteren Auftrieb, denn sie signalisierte die Bereitschaft des intellektuellen Establishments, die mögliche Existenz paranormaler Phänomene einzuräumen. Weitere Verbreitung fand der Gedanke der Wiedergeburt auch durch das umfangreiche Werk der Madame Blavatsky, deren Theosophische Gesellschaft die Idee von Karma und Wiedergeburt von östlichen Religionen übernommen hatte.

Die meisten Wissenschaftler der westlichen Welt lehnen den Reinkarnations-Gedanken ab. Durch die große Aufmerksamkeit, die ihm ernstzunehmende Forscher wie der Amerika-

Bei dieser Masseneinäscherung in einem balinesischen Dorf im Jahre 1985 fallen besonders die riesigen hölzernen Figuren auf. Sie tragen die Särge mit den sterblichen Überresten von Kindern, die während der letzten 22 Jahre gestorben sind. Bestattungen sind auf Bali freudige Ereignisse, denn nach religiöser Vorstellung wird die Seele durch die Einäscherung befreit, um wiedergeboren zu werden. Deshalb bewahrt man die sterblichen Überreste seiner Toten oft jahrelang auf, bis genügend Geld für eine angemessene Bestattung gespart ist.

ner Ian Stevenson und zahlreiche seiner Kollegen in Europa und Asien schenkten, wird er aber von einer Minderheit bis zu einem gewissen Grade toleriert. Und Umfragen von verschiedenen Meinungsforschungsinstituten haben ergeben, daß im Westen eine ansehnliche Minderheit in der einen oder anderen Weise an Wiedergeburt glaubt. Bei Befragungen im Jahre 1969 gaben 25 Prozent der Bundesbürger, 20 Prozent der Amerikaner, 23 Prozent der Franzosen und 18 Prozent der Briten an, an diese Vorstellung zu glauben. Und nach einer erneuten Umfrage 1981 in Amerika war die Zahl noch um drei Prozentpunkte gestiegen.

Reinkarnations-Forscher teilen die Fälle gewöhnlich in drei Kategorien ein. Zur ersten gehören spontane Erlebnisse, in denen sich Menschen – zumeist Kinder – offenbar ohne einen äußeren Einfluß lebhaft an etwas zu erinnern scheinen, das sie für ein früheres Leben halten. In der zweiten Gruppe werden die Erinnerungen durch hypnotische Regression (Rückführung) ausgelöst, eine Methode, der erst in letzter Zeit eine gewisse Anerkennung zuteil geworden ist. Bei der dritten Kategorie der Reinkarnations-Fälle, die nach Meinung der meisten Forscher am wenigsten überzeugt, sind stets dritte Personen beteiligt, die angeblich als Kommunikationskanäle zwischen einer früheren Persönlichkeit und einem Lebenden dienen.

Das umfangreichste Beweismaterial haben Forscher zusammengetragen, die sich mit Fällen spontaner Erinnerungen an frühere Leben beschäftigen, obgleich die Qualität der Beweise sehr unterschiedlich ist. Hier werden auch Träume als Quelle spontaner Rückerinnerungen angesehen. Tatsächlich kommt es in Kulturen, die an die Wiedergeburt glauben, oft vor, daß schwangere Frauen von einem Verstorbenen träumen, der ihnen mitteilt, seine Seele würde im Körper ihres Kindes wiedergeboren. Auch Episoden aus vermeintlich früheren Leben sollen in Träumen vorkommen können. So erzählte beispielsweise eine Frau aus Großbritannien von einem immer wiederkehrenden Traum, in dem sie mit einem Spielgefährten von einer hohen Galerie hinab auf den Fußboden eines alten Pfarrhauses stürzte, der aus quadratischen schwarzen und weißen Marmorplatten bestand. Als sie eines Tages das Haus besuchte, in dem es angeblich spukte, erkannte sie es, wie sie sagte, als den Schauplatz ihres Traumes wieder und erfuhr, daß dort vor Jahrhunderten ein kleiner Junge mit seiner Schwester auf den Marmorboden hinabgestürzt und zu Tode gekommen war. Dann entdeckte sie in dem Haus zwei Miniaturen und erkannte auf ihnen sofort „ihre Mutter und ihren Vater". Wie sich herausstellte, waren die beiden tatsächlich die Eltern jener Kinder gewesen, die vor so langer Zeit umgekommen waren.

Auch traumatische Unfälle können spontane Erinnerungen auslösen. Ein solches Beispiel ist der merkwürdige Fall der Dorothy Eady – alias Bentreschit alias Omm Sethos. Dorothy Eadys Odyssee begann 1907 in London, als sie, wie sie sich erinnert, im Alter von drei Jahren eine Treppe hinabfiel. Aufgrund ihrer Verletzungen wurde sie von einem herbeigerufenen Arzt für tot erklärt, doch Minuten später stellte man fest, daß sie noch lebte. Von diesem Zeitpunkt an behauptete Dorothy, England sei nicht ihre wirkliche Heimat, und ihre ganze Umgebung schien ihr irgendwie fremd. Als sie später in verschiedenen Zeitschriften über das alte Ägypten las und im Britischen Museum die ägyptische Abteilung besuchte, kam sie zu der festen Überzeugung, daß Ägypten jenes Land war, wo sie eigentlich hingehörte.

In Träumen glaubte Dorothy Eady erfahren zu haben, daß sie vor etwa 3200 Jahren während der 19. Dynastie als ein Mädchen namens Bentreschit in Ägypten gelebt hatte. Wie sie berichtete, hatten ihre Eltern nicht für sie sorgen können und sie deshalb beim Tempel des Sethos in Abydos südlich von Theben ausgesetzt, als sie drei Jahre alt war. Sie wurde als heilige Jungfrau in den Tempel genommen und schließlich Isispriesterin. Dann verliebte sich König Sethos I. in sie, und die beiden wurden ein Liebespaar, allerdings nur im geheimen, denn ihre Beziehung bedeutete einen Bruch strenger religiöser Gesetze. Als Bentreschit feststellen mußte, daß sie schwanger war, beging sie Selbstmord, damit die Missetat nicht ans Tageslicht kam.

Vielleicht hat auch der amerikanische Staatsmann und Wissenschaftler Benjamin Franklin an die Wiedergeburt geglaubt. Anhänger der Reinkarnations-Idee jedenfalls behaupten, daß er die Wiedergeburt im Sinn hatte, als er als junger Drucker einen seltsamen Grabspruch entwarf, in dem er versprach, „in neuer und schönerer Ausgabe, vom Verfasser durchgesehen und korrigiert", zurückzukehren.

Inzwischen trat Dorothy Eady auf der Bühne ihres Vaters auf, einem Kinobesitzer und Laienunterhalter. Oft hatte ihre Nummer eine exotische Note, etwa wenn sie „Irgendwo in der Sahara" oder das „Klagelied von Isis und Nephthys" sang. Aber all dies war nur das Vorspiel zu ihrem wahren Leben, das begann, als sie mit 29 Jahren einen Ägypter traf, der zu der Zeit in London studierte. Als er wieder nach Kairo zurückkehrte, folgte sie ihm in sein Heimatland nach, heiratete ihn und bekam ein Kind, das sie Sethos nannte. Sie besaß nun die ägyptische Staatsbürgerschaft und ließ sich von ihrem Mann scheiden. Schließlich nahm sie den Namen Omm Sethos oder „Mutter des Sethos" an.

Aufgrund ihrer nachweislichen Kenntnisse auf ihrem Lieblingsgebiet erhielt Dorothy beim Amt für Denkmalspflege eine Anstellung als Zeichnerin und Redakteurin. Daneben beschäftigte sie sich auch weiterhin mit ihrem vergangenen Leben. Wie sie sagte, wurde jener König Sethos durch Astralprojektionen auch in diesem Leben sowohl geistig als auch körperlich wieder ihr Geliebter. Darüber hinaus machte sie ihrer Behauptung nach regelmäßige Besuche im ägyptischen Jenseits, wo sie Pharao Rhamses II. und andere berühmte und bedeutende Persönlichkeiten der Geschichte traf.

Die Ägypter wußten nicht so recht, was sie von der selbsternannten Omm Sethos halten sollten, und auch sie selbst war sich nicht vollkommen sicher, was es mit ihren Geschichten auf sich hatte. Einmal räumte sie gutgelaunt ein, daß es Leute gebe, die behaupteten, bei ihr habe „sich ein Schräubchen gelockert", als sie in ihrer Kindheit die Treppe heruntergefallen war. Aber welchen Ursprung ihre Erinnerungen an ein früheres Leben auch haben mochten, als Dorothy Eady 1981 in ihrer geliebten Stadt Abydos starb, da war sie eine beliebte Persönlichkeit, auch wenn sie als ziemlich exzentrisch galt. Ihr letzter Wunsch aber sollte unerfüllt bleiben. In den Jahren vor ihrem Tod hatte sie im Garten hinter ihrem bescheidenen Heim mit liebevoller Sorgfalt eine reichgeschmückte unterirdische Gruft gebaut, in der sich auch ein Standbild der Isis befand. Doch die örtlichen Gesundheitsbehörden verweigerten ihr die Erlaubnis, dort bestattet zu werden. Statt dessen wurden ihre sterblichen Überreste in der Wüste nordwestlich des Tempels von König Sethos I. beigesetzt.

Ein weiteres Beispiel einer spontanen Erinnerung an ein früheres Leben, das häufig angeführt wird, ist der Fall des britischen Zwillingspaares Jennifer und Gillian Pollock *(S. 110–111)*. Als es am 4. Oktober 1958 zur Welt kam, glaubten ihre Eltern John und Florence, daß in ihnen die Seelen der älteren Töchter Joanna und Jacqueline wiedergeboren wurden, die ein Jahr zuvor beim sonntäglichen Kirchgang von einem Auto getötet worden waren. Ungewöhnlich an diesem Fall ist, daß die beiden Eltern Katholiken waren, die gewöhnlich nicht an Wiedergeburt glauben. John Pollock war mit 19 Jahren zum Katholizismus übergetreten, hatte aber insgeheim immer an die Reinkarnation geglaubt und von Gott wiederholt einen Beweis erbeten. Als Joanna und Jacqueline starben, fürchtete er, daß ihr Tod eine Strafe für seine ketzerischen Gedanken war. Aber als er bald darauf erfuhr, daß er wieder Vater werden sollte, sah er dies als Erhörung seiner Gebete an. Er sagte zu seiner Frau, sie würde nicht nur ein Kind bekommen, wie der Arzt versicherte, sondern zwei, und zwar Mädchen.

Nach der Geburt der Zwillinge stellte ihr Vater viele merkwürdige Ähnlichkeiten zwischen ihnen und den verstorbenen älteren Schwestern fest. So schien ein narbenähnliches Mal auf Jennifers Stirn einem Mal auf Jacquelines Stirn zu gleichen, und dann behaupteten die Zwillinge immer wieder, Dinge zu kennen, die sie eigentlich nicht kennen konnten. Beide fürchteten sich auch vor Autos, und zwar in Situationen, die jener ähnelten, in der ihre Schwestern zu Tode gekommen waren. Doch Forscher wie der Brite Ian Wilson, Autor des Buches *All in the Mind,* in dem er sich skeptisch mit der Reinkarnation auseinandersetzt, sind der Ansicht, daß die naheliegendste Erklärung meistens die beste ist. Er meint, die Zwillinge seien bereits sehr früh für die Empfindungen und Überzeugungen ihres Vaters sensibilisiert worden. Dadurch hätten sie unbewußt alle möglichen Informationen von ihm übernommen, so daß seine Wunschvorstellungen im Grunde der Ursprung ihres Verhaltens gewesen seien.

Zu Visionen von vermeintlich zurückliegenden Leben soll es mitunter auch kommen, wenn jemand einen Ort besucht, an dem er sich während einer früheren Inkarnation häufig aufhielt. So bezweifelte der große amerikanische General George S. Patton nie die Realität seiner, wie er es nannte, „unterbewußten Erinnerungen", in denen er sich als Krieger erlebte, der im Laufe der Geschichte viele Male in Schlachten gekämpft hatte und gefallen war. So glaubte er beispielsweise, als Soldat unter Alexander dem Großen, in den römischen Legionen und bei Napoleon gedient zu haben. Natürlich ist es möglich, daß Pattons Visionen allein auf ein umfangreiches Wissen in Kriegsgeschichte und eine blühende Phantasie zurückzuführen sind, aber manchmal schien er selbst von ihnen überrascht

Zwei andere prominente Amerikaner, die an Reinkarnation glaubten, waren der Erfinder Thomas Edison (rechts) und der Industrielle Henry Ford. In den 20er Jahren gingen die beiden oft zusammen zelten, und vielleicht sprachen sie dabei auch über dieses Thema.

zu sein. Die erste derartige Erfahrung machte er als junger Offizier während des Ersten Weltkriegs in Frankreich *(S. 12–13).* Ein weiteres Erlebnis hatte Patton im Jahre 1943, nachdem er auf Sizilien die Achsenmächte geschlagen hatte. Bei einer Fahrt über die Insel unterbrach der General seinen verblüfften Führer immer wieder, indem er auf Schauplätze und Einzelheiten relativ unbekannter historischer Ereignisse verwies. Schließlich fragte ihn der Führer, ob er schon einmal auf Sizilien gewesen sei. „Ich nehme es an", erwiderte Patton, obgleich dies tatsächlich sein erster Besuch war.

Pattons scheinbare Erinnerungen an vergangene Ereignisse ähneln in mancher Hinsicht einem Phänomen, das beinahe weltweit auftritt und als Déjà vu bezeichnet wird. Es ist der plötzliche Eindruck, etwas, das wir sehen oder erleben, bereits zu kennen, obwohl wir uns nicht genau daran erinnern können und keine Erklärung dafür haben. Wissenschaftler glauben, daß die meisten Déjà-vu-Erlebnisse entweder echte Erinnerungen sind, die von uns verdrängt wurden, oder ein Wissen, das wir aus zweiter Hand haben und das unser Geist irrtümlicherweise für eine persönliche Erfahrung hält. Andere Déjà-vu-Erlebnisse lassen sich physiologisch erklären: Das Gehirn erzeugt mitunter etwas, das einer Doppelbelichtung entspricht – zwei flüchtige Bilder einer bekannten Szene, zwischen denen nur Sekundenbruchteile vergehen, die aber als weit auseinanderliegend empfunden werden. Der gleiche Eindruck kann entstehen, wenn man im richtigen Augenblick blinzelt.

Ernstzunehmende Reinkarnations-Forscher halten in der Regel nicht viel von Déjà-vu-Fällen. Doch manche Berichte scheinen – vorausgesetzt, sie sind wahr – darauf hinzuweisen, daß es Dinge gibt, die sich nicht mit verschütteten Erinnerungen oder Fehlleistungen des Gehirns erklären lassen. Eine solche Geschichte wird von einem Jugendlichen aus Großbritannien berichtet. Als er auf der Insel Guernsey bestimmte Höhlen besichtigte, die früher einmal als Gefängnisse gedient hatten, behauptete er sich zu erinnern, daß er in einem früheren Leben einmal dabeigewesen sei, als man in einer Höhle an einer bestimmten Stelle einen Gefangenen einmauerte. Von offizieller Seite wurde ein solcher Vorfall bestritten, doch als der Junge unbeirrt bei seiner Behauptung blieb, begann man zu suchen. Hinter einem zugemauerten Eingang fand man ein Skelett. Der Junge starb 1935, und erst 25 Jahre später berichtete seine Mutter einem Reinkarnations-Forscher von diesem Vorfall. Wie sie sagte, hatte man damals das alte Archiv des Gefängnisses durchstöbert und einen Insassen mit genau dem Namen ausfindig gemacht, den ihr Sohn bei seiner Schilderung als den Namen des eingemauerten Gefangenen angegeben hatte.

Ebenso faszinierend ist der Fall einer jungen Frau, die ihre Geschichte dem PSI-Forscher D. Scott Rogo erzählte. Als sie in den 70er Jahren einmal auf dem New Jersey Turnpike unterwegs war, hatte sie, wie sie behauptete, plötzlich das unheimliche Gefühl, die ganze Umgebung zu kennen, obwohl sie noch nie in der Gegend gewesen war. Zu ihrer Mitfahrerin sagte sie, daß etwa eine Meile abseits der Straße ein Haus stehe, in dem sie einmal gelebt habe, und beschrieb ihr, was sie im Vorbeifahren noch alles sehen würden. Bei einer Ausfahrt verließ sie die Hauptstraße und fuhr in eine kleine Stadt, die sie zuvor beschrieben hatte. Dort entdeckte sie dann genau die Veranda, wo sie vielleicht vor 80 Jahren mit ihrer Großmutter gesessen hatte. Wie sie Rogo weiter erzählte, erinnerte sie sich dann an ein Geschäft mit einer hohen, marmornen Ladentheke, wo sie und ihre Großmutter immer Limonade getrunken hatten. „Das Gebäude stand noch an seinem Platz und hatte sich kaum verändert, aber es war mit Brettern vernagelt, und wir konnten nicht hineinschauen ... Ich wußte, daß ich im Alter von sechs oder sieben gestorben war." Die Frau wollte ihr Grab suchen, das, wie sie sagte, auf einem Friedhof gleich hinter dem Hügel lag, doch ihrer Freundin war dies alles unheimlich geworden, und sie bestand darauf, zum Auto zurückzukehren und die Stadt zu verlassen.

Berichte wie diese mögen beeindruckend erscheinen, doch der Reinkarnations-Forscher Ian Stevenson hält Fälle, in denen sich kleine Kinder spontan an frühere Leben erinnern, für die nützlichsten. Hier ist es unwahrscheinlicher als bei anderen Fällen, daß die Betroffenen irgendwelche Informationen übernommen haben, aus denen sie dann – bewußt oder unbewußt – die Geschichte eines vergangenen Lebens konstruieren. Häufig beginnen diese Kinder schon über ihr früheres Leben zu sprechen, bevor sie überhaupt lesen können. Stevenson findet es auch nützlich, daß Kinder im Vorschulalter ihre Geschichten auf ganz selbstverständliche Art und Weise erzählen und sie nicht zu deuten versuchen. Außerdem lassen sich für ihre Fälle leichter Beweise finden, da die vorherige Existenz, an die die Kinder sich erinnern, oft zu einem Zeitpunkt geendet hat, an den noch lebende Menschen sich erinnern können.

Bei seiner Jagd auf Beweise versucht Stevenson alle ande-

Omm Sethos (unten) glaubte, die Reinkarnation einer ägyptischen Priesterin und Geliebten des Pharaos Sethos I. zu sein. Hier ist sie auf einem Photo aus dem Jahre 1958 beim Osireion in Abydos zu sehen, in dem sich Teile vom zerstückelten Körper des Gottes Osiris befunden haben sollen. Auf dem Flachrelief links, das sich im Tempel des Sethos in Abydos befindet, bringt Sethos I. Osiris einen goldenen Halsschmuck als Opfergabe dar.

Auch wenn Omm Sethos von Kindheit an Ägypten als ihre Heimat betrachtete, wurde sie – zumindest in diesem Leben – als Dorothy Eady in England geboren. Eine der wenigen Photographien, die aus ihrer vorägyptischen Zeit existieren, zeigt sie 1920 im Alter von 16 Jahren in ihrem Geburtsland.

ren möglichen Erklärungen für die Erinnerungen des Kindes systematisch auszuschalten, Betrug, unbewußte Erinnerungen und selbst PSI-Phänomene wie außersinnliche Wahrnehmung oder Besessenheit eingeschlossen. (Unter außersinnlicher Wahrnehmung versteht man die Vermittlung von Wissen über Kanäle, die außerhalb der fünf Sinne liegen. Im Falle von Besessenheit scheint der angeblich Betroffene tatsächlich zu demjenigen Menschen zu werden, der er einmal war. Dagegen erinnern sich Menschen, die meinen, wiedergeboren zu sein, lediglich daran, daß sie schon einmal gelebt haben, aber sie glauben nicht, heute die gleiche Person zu sein wie damals.)

Allerdings fehlt Stevenson immer noch der ideale Fall, der einen unwiderlegbaren Beweis für die Reinkarnation liefern könnte. Dieser Fall muß strenge Kriterien erfüllen, die der Forscher selbst aufgestellt hat: Erstens müssen zahlreiche und ungewöhnliche Einzelheiten über das frühere Leben einer genauen Prüfung standhalten. Zweitens muß bereits ein schriftlicher Bericht über die Angaben des Kindes vorliegen, bevor sich ein seriöser Forscher dem Fall widmet, um eine absichtliche oder unabsichtliche Beeinflussung durch Suggestivfragen auszuschließen. Drittens muß es Ähnlichkeiten zwischen Verhaltensweisen der heutigen und der früheren Persönlichkeit geben – beispielsweise eine Angewohnheit, einen Tick oder eine bestimmte Art zu lachen. Viertens muß ein Geburtsmal existieren, das einem Mal oder einer Wunde der früheren Persönlichkeit entspricht. Und fünftens muß für den Fall, daß der Betroffene im vorhergehenden Leben einen anderen Dialekt oder eine andere Sprache sprach als heute, während spontaner Erinnerungen eine Kenntnis dieses Dialektes oder der Fremdsprache vorhanden sein beziehungsweise bewiesen werden.

Auf der Suche nach dem perfekten Fall hat Stevenson bei den angeblich reinkarnierten Kindern verschiedene stets wiederkehrende Muster entdeckt und untersucht. So beginnen beispielsweise die meisten im Alter zwischen zwei und vier Jahren von ihrem früheren Leben zu erzählen, das heißt, sobald sie zusammenhängend sprechen können, und hören normalerweise zwischen fünf und acht Jahren wieder auf. (Der kleine Sujith aus Sri Lanka sprach beispielsweise nach seinem sechsten Geburtstag nicht mehr von Sammy.) In Fällen, die genau untersucht wurden, konnten etwa 90 Prozent der nachprüfbaren „Erinnerungen“ bestätigt werden. Zumeist wohnt das Kind nur wenige Kilometer vom Ort seines früheren Lebens entfernt und spricht die gleiche Sprache. Und am häufigsten treten die Fälle – was wohl nicht erstaunlich ist – in Ländern wie Indien und Birma auf, wo der Glaube an die Wiedergeburt auch in der Religion verankert ist.

Auch innerhalb einzelner Kulturen zeichnen sich bestimmte Muster ab, etwa hinsichtlich des zeitlichen Abstands zwischen den Reinkarnationen und der Wiederverkörperung innerhalb derselben Familie. So glauben beispielsweise tibetische Buddhisten, daß der übliche Abstand zwischen zwei Leben nur 49 Tage beträgt. In Kulturen, die glauben, daß sich mit jedem Leben das Geschlecht ändern kann, geschieht dies auch am häufigsten, so etwa bei den Birmanen und den Kutchin-Indianern Nordwestkanadas, ganz im Gegensatz zu Kulturen, in denen man diese Vorstellung ablehnt, wie etwa bei den syrischen Drusen oder den Tlingit-Indianern Alaskas.

Doch unabhängig davon, ob die vermeintlich reinkarnierten Kinder in der westlichen oder in der östlichen Hemisphäre leben, erinnert sich der größere Teil von ihnen, eines gewaltsamen Todes gestorben zu sein. Die Erinnerungen der Kinder konzentrieren sich oft auf die Ereignisse, die ihrem Tod in dem früheren Leben direkt vorausgegangen sind. Stevenson meint, daß die Schrecklichkeit eines solchen Todes die Erinnerung in einer Weise vertiefen und bewahren mag, wie es bei einem Tod durch Krankheit vielleicht nicht der Fall wäre. In der Tat litten die Kinder, deren Fälle er untersuchte, häufig an Phobien, die einen Zusammenhang mit der Todesursache in ihrem früheren Leben erkennen ließen. So wie Sujith Angst vor Lastwagen hatte, fürchteten sich andere Kinder, die nach ihren eigenen Angaben in ihren vorangegangenen Leben erstochen wurden oder ertrunken waren, vor Messern oder Wasser.

Geburtsmale, die Malen oder tödlichen Verletzungen in einem früheren Leben entsprechen, scheinen ebenfalls häufig vorzukommen. Allein in Stevensons Akten fanden sich bis 1983 über 250 solcher Fälle. Wie er feststellte, wiesen 51 Prozent der Tlingit-Indianer Alaskas, die an eine Wiedergeburt glauben, solche übereinstimmenden Geburtsmale auf. In einem Fall sagte ein alter Tlingit kurz vor seinem Tod voraus, daß seine Seele in dem noch ungeborenen Kind seiner Nichte wiederkehren und sie dies an zwei Malen am Körper des Kindes erkennen könnte, die den Malen – eines davon eine Operationsnarbe auf seinem Rücken – des alten Mannes entsprechen würden. Tatsächlich wurde das Kind mit genau diesen Malen geboren, und das am Rücken war von kleinen Punkten umgeben, die laut

Stevensons Beschreibung wie eine Operationsnaht aussahen.

Die Geschichte eines indischen Jungen namens Ravi Shankar (er ist nicht mit dem berühmten Sitarspieler gleichen Namens verwandt) enthält viele der immer wiederkehrenden Elemente in Stevensons Untersuchungen und weist einen zusätzlichen Aspekt auf, der ihn mehr als andere Fälle in die Nähe des perfekten Falls rückt – der Junge besaß ein Geburtsmal. Als Ravi 1953 zwei Jahre alt war, begann er über ein früheres Leben in einem Nachbardistrikt zu sprechen. Er beschrieb einige seiner Spielzeuge im vergangenen Leben – einen Holzelefanten, einen Ball an einer Gummischnur und eine Spielzeugpistole – wie auch einen Ring, den er in einem Pult aufbewahrt hatte. Er erwähnte den Namen seines früheren Vaters und sagte, daß er Friseur gewesen sei. Und dann entsetzte Ravi alle, indem er beharrlich behauptete, ermordet worden zu sein. Er nannte Namen und Beruf seiner Mörder und erinnerte sich, daß er kurz vor dem Tod Guajaven gegessen hatte. Wie er sagte, hatten ihm seine Mörder die Kehle durchgeschnitten.

Als Ravi vier Jahre alt war, suchte ein Mann Ravis Familie auf, der von den Geschichten gehört hatte. Er erzählte, daß sein sechsjähriger Sohn sechs Monate vor Ravis Geburt genau auf die von dem Jungen beschriebene Weise umgebracht worden sei. Namen und Berufe der Männer, von denen Ravi gesprochen hatte, paßten auf zwei Verwandte des Opfers, von denen man glaubte, daß sie den Mord aus Erbschaftsgründen begangen hatten. Wie der Vater des ermordeten Knaben weiter erzählte, hatte einer der mutmaßlichen Mörder gestanden, später aber sein Geständnis widerrufen, und aus Mangel an Beweisen waren beide Verdächtige wieder freigelassen worden.

Stevenson begann den Fall 1964 zu untersuchen, als Ravi 13 Jahre alt war. Wie er feststellte, hatte ein Lehrer Ravis Angaben acht Jahre zuvor aufgeschrieben. Stevenson konnte 26 Angaben des Jungen verifizieren. So existierten die erwähnten Spielzeuge wie auch der Ring im Pult, und tatsächlich hatte das Opfer vor seinem Tod Guajaven gegessen. Stevenson stellte fest, daß sich die beiden Familien vom Sehen kannten, aber Ravis Vater hatte immer versucht, seinen Sohn zum Schweigen zu bringen. Mehrmals war Ravi von ihm schwer verprügelt worden, damit er nicht mehr über sein früheres Leben sprach. Der Forscher hielt es daher für unwahrscheinlich, daß Ravi durch seine Eltern von dem Mord erfahren hatte. Als Kind zeigte er eine große Angst vor Messern und Rasierklingen und wagte sich nicht in jene Gegend, wo der andere Junge ermordet worden war. Und dann gab es da noch dieses unheimliche Mal an seinem Hals, das seine Mutter erst nach drei Monaten bemerkt hatte. Als Stevenson das Mal sah, war es fünf Zentimeter lang und etwa einen halben Zentimeter breit, doch, wie es hieß, war es früher länger gewesen. Es hatte eine dunklere Farbe als die umliegende Haut und das typische Aussehen einer Narbe. „Es sah aus wie eine verheilte Verletzung von einem Messerstich", schrieb Stevenson später.

In einem anderen indischen Fall, den Stevenson untersuchte, waren die Umstände noch seltsamer, denn sie schienen die Vermutung nahezulegen, daß die Wiedergeburt in einem Kind stattgefunden hatte, das beinahe gestorben war, dann aber doch überlebte – oder jedenfalls zu überleben schien. Die Eltern des dreijährigen Jasbir Lal Jat glaubten, daß ihr Sohn gestorben sei, als das an Pocken erkrankte Kind nicht mehr atmete und sein Körper kalt wurde. Doch am nächsten Tag bewegte sich das Kind wieder, und nach einigen Wochen hatte es sich vollkommen erholt.

Sein Benehmen hatte sich jedoch seltsam verändert. Er behauptete nun, er sei in einer 30 Kilometer entfernten Stadt zu Hause und gehöre einer höheren Brahmanenkaste an. Er weigerte sich, die Speisen zu essen, die seine Mutter kochte, weil sie nicht nach brahmanischer Sitte zubereitet waren, und er drückte sich gewählter aus, so wie es sich für seine Klasse schickte. Er erzählte, in seinem früheren Leben während einer Hochzeitsprozession umgekommen zu sein. Wie er sagte, war er nach dem Verzehr von vergifteten Süßigkeiten aus einem Wagen gestürzt. Die Süßigkeiten hatte ihm ein Mann gegeben, der ihm Geld schuldete. Durch das Gift war ihm schwindlig geworden, und er hatte das Gleichgewicht verloren. Bei dem Sturz aus dem Wagen hatte er eine tödliche Kopfverletzung erlitten.

Das seltsame Benehmen bereitete Jasbirs Familie großen Kummer. Zwar vereinbarten die Eltern mit einer freundlichen brahmanischen Nachbarsfrau, daß sie für Jasbir das Essen zubereitete, aber ansonsten versuchten sie zu vertuschen, was in ihrem Hause vorging. Doch die Geschichte sickerte zu anderen Brahmanen in der Gemeinde durch und gelangte schließlich bis zu dem Dorf, in dem Jasbir angeblich einmal gelebt hatte. Von der Geschichte hörten auch Verwandte des verstorbenen Sobha Ram Tyagi, und da dieser etwa zu der Zeit bei einem Unfall umgekommen war, als auch Jasbir dem Tod ins Gesicht geschaut hatte, wollten sie dem Jungen unbedingt Fragen stellen.

Sie besuchten Jasbir zu Hause. Er begrüßte sie mit Namen und erzählte einige Dinge aus ihrem Leben. Jasbir besuchte auch das Dorf der Tyagis, und offenbar waren ihm dort viele Plätze und Menschen bekannt und vertraut. Nur unwillig kehrte er zu seiner Familie zurück.

Später sprach Stevenson mit beiden Familien und konnte 38 Angaben verifizieren, die Jasbir über Sobha Rams Leben gemacht hatte. Wie er feststellte, war jeder, der Jasbir kannte, der Meinung, daß er sich nach seiner Genesung (und gleichzeitig mit Sobha Rams Tod) deutlich verändert hatte – man könnte auch sagen, er war ein anderer Mensch geworden. Nach Stevensons Auffassung kam in diesem Fall als Erklärung Wiedergeburt durchaus in Frage, obgleich es sich möglicherweise auch um eine Besessenheit handeln konnte.

Stevensons Kritiker beanstanden seine Schlußfolgerungen aus mehreren Gründen, wenngleich sie anerkennen, daß seine Maßstäbe streng und seine Sammlungen überzeugender Einzelheiten oft bestechend seien. So meint beispielsweise Ian Wilson, sowohl im Fall von Sujith als auch von Ravi Shankar würden einige Beweise die Vermutung nahelegen, daß die vermeintlich wiedergeborenen Kinder oder ihre Familien von anderen mehr über die früheren „Leben" erfahren haben, als sie zugeben. Ferner glaubt er, daß vielleicht manch arme indische Familie für ihre Kinder eine höhere Kastenzugehörigkeit in früheren Leben geltend macht, weil sie hofft, daraus eigene finanzielle oder persönliche Vorteile zu ziehen.

Wilson, D. Scott Rogo und der indische Psychologe C. T. K. Chari sind der Ansicht, Stevenson ziehe als Erklärung für seine Beweise von vornherein nur Wiedergeburt in Betracht und setze sich nicht ernstlich mit anderen paranormalen oder alternativen Erklärungen auseinander. Wilson hält es beispielsweise für möglich, daß Mütter auf irgendeine Weise ihre eigenen traumatischen Erinnerungen, Visionen oder Träume auf ihre ungeborenen Kinder übertragen. Es ist bekannt, daß Föten auf eine Vielzahl von Reizen außerhalb des Mutterleibs reagieren, und Wilson würde es begrüßen, wenn Stevenson bei seinen Nachforschungen die Mütter zumindest über ihre Erlebnisse vor und während der Schwangerschaft befragen würde.

Zu Stevensons Verteidigern gehören unter anderem der Psychologe Alan Gauld von der University of Nottingham und James G. Matlock, Bibliothekar und Archivar bei der American Society for Psychical Research. Sie entgegnen, daß Stevenson durch seine ungemein gründlichen Untersuchungen und seine vorsichtige Beweisführung den Kritikern selbst die meiste Munition liefert. Und sie weisen darauf hin, daß er alle Aspekte eines Falles genauestens prüft, bevor er mit aller Vorsicht und

Als sie 1957 auf dieser ruhigen Straße im englischen Hexham von einem Auto angefahren und getötet wurden, war Joanna Pollock elf und ihre Schwester Jacqueline sechs. Im folgenden Jahr wurden Gillian und Jennifer Pollock (kleines Bild) geboren. Ihr Vater glaubte fest daran, daß die Zwillinge die Reinkarnationen der umgekommenen Töchter waren. Wie John Pollock behauptete, erinnerten sich die Mädchen als kleine Kinder daran, im früheren Leben die älteren Schwestern gewesen zu sein. Sie sollen die Dinge, die ihnen einmal gehörten, wiedererkannt haben, und trugen angeblich auch ähnliche Körpermerkmale. Eine einfachere Erklärung mag sein, daß der Vater die Zwillinge durch seinen eigenen starken Glauben an die Reinkarnation beeinflußte.

Zurückhaltung den Schluß zieht, daß eine Reinkarnation möglich, wenn nicht sogar nachgewiesen ist.

Während Stevenson seine Berge an Beweisen durchkämmt, untersuchen andere Forscher vermeintliche Erinnerungen an Vorleben durch Rückführungen unter Hypnose. Stevenson gehört zu denjenigen, die auf diese Art gesammeltes Beweismaterial als in der Regel wenig aussagefähig betrachten. Diese Hypnosetechnik wird jedoch häufig angewendet, und es sind bereits zahlreiche populäre Bücher darüber geschrieben worden. Für eine Rückführung bedarf es nur einer rhythmischen, monotonen Stimme, durch die die Versuchsperson in einen tranceähnlichen Zustand versetzt wird, in dem sie sich besser konzentrieren kann und sich gleichzeitig nicht mehr so leicht von ihrer Umgebung ablenken läßt. Um eine Hypnose herbeizuführen, sind keine besonderen Kräfte erforderlich. Gewöhnlich reicht es aus, wenn der Patient zur Mitarbeit bereit ist und Vertrauen hat. Allgemein wird davon ausgegangen, daß sich etwa 10 Prozent der Bevölkerung gar nicht hypnotisieren lassen, 80 Prozent können in eine leichte Trance und die restlichen 10 Prozent in eine tiefe Trance versetzt werden. Bei letzteren sind erstaunliche Dinge möglich. So kann man während Operationen beispielsweise auf eine Narkose verzichten und bei Blutern die Neigung zum Bluten erheblich verringern.

Für Zwecke der Reinkarnations-Forschung führt der Hypnotiseur die Versuchsperson gewöhnlich durch Suggestionen zunächst in ihre Kindheit zurück und dann über den leeren Raum hinweg in eine Zeit vor ihrem heutigen Leben. Sehr oft sind die dann entstehenden Bilder sehr intensiv und detailliert, obwohl sich die meisten Versuchspersonen später nicht mehr erinnern können, was sie während der Trance gesagt haben.

Einige Psychiater benutzen Rückführungen heute auch als therapeutisches Mittel, um schwere Angstzustände zu behandeln. Bei der sogenannten Reinkarnations-Therapie, die allerdings umstritten ist, geht der Therapeut mit dem Patienten noch einmal zurück zu einem traumatischen Erlebnis in einem früheren Leben, das angeblich Ursache einer Phobie oder eines anderen Krankheitssymptoms in diesem Leben ist *(S. 88–95).* So behauptet die kalifornische Psychologin Helen Wambach, eine Frau, die unter Schwindelanfällen litt, durch Reinkarnations-Therapie geheilt zu haben, weil sie sie in ein Leben zurückführte, in dem sie von einer Klippe gestoßen wurde.

Allerdings ist es bei Rückführungen, die der Reinkarnations-Forschung dienen, äußerst schwierig – wenn nicht unmöglich – auszuschließen, daß die Versuchsperson bewußt oder unbewußt vom Hypnotiseur gegebene Hinweise übernimmt. Wie Untersuchungen gezeigt haben, sind die Versuchspersonen oft bemüht, dem Hypnotiseur genau das zu erzählen, was er ihrer Meinung nach hören möchte, und im Laufe der Sitzungen schmücken sie ihre Geschichten dann immer mehr aus. Stevenson behauptet, daß diese Beeinflußbarkeit die Quelle der meisten Erlebnisse während Rückführungen ist, und vergleicht die entstehenden Geschichten mit Träumen. „Fast alle hypnotisch geweckten ‚früheren Persönlichkeiten' sind reine Phantasiegebilde", sagt er, „genau wie die meisten Trauminhalte."

Ein zweites Problem ergibt sich aus dem Phänomen des „verborgenen Gedächtnisses" – oft Kryptomnesie genannt –, das während einer Rückführung auftreten kann. In diesem Fall zapfen die Versuchspersonen detaillierte Gedächtnisinhalte an, die in ihrem Wachbewußtsein nicht präsent sind. Und obgleich es vielleicht so aussehen mag, als ob es sich um Informationen aus einem früheren Leben handelt und somit um einen Beweis für eine frühere Inkarnation, kann nicht ohne weiteres ausgeschlossen werden, daß die Versuchspersonen aus ihrem Unterbewußtsein Inhalte abrufen, die aus einem lange vergessenen Buch, Film oder dem Fernsehen stammen.

Ein klassisches Beispiel für Kryptomnesie wurde von einem kanadischen Psychologen geliefert. Wie er berichtete, hatte er mit einem Patienten eine Rückführung eingeleitet, als dieser auf einmal in einer seltsamen Sprache zu schreiben begann. Als der Patient wieder aus der Trance kam, war er weder in der Lage, das Geschriebene zu lesen, noch konnte er sich seinen Ursprung erklären. Der Arzt, der von diesem merkwürdigen Vorfall fasziniert war, suchte Rat bei Linguisten, die das Geschriebene schließlich als Oskisch identifizierten, einen Vorläufer des klassischen Lateins. Wie der Patient beteuerte, hatte er nie etwas von dieser Sprache gehört, aber durch ausführliche Befragungen stieß der Arzt auf eine Begebenheit, die Jahre zurücklag. Sein Patient hatte damals einen Nachmittag in einer Bibliothek verbracht und neben jemandem gesessen, der in Forschungsarbeiten vertieft war. Es stellte sich heraus, daß der Betreffende sein Buch auf einer Seite aufgeschlagen hatte, auf der sich ein alter oskischer Fluch befand. Zwar hatte der Patient lediglich einen Blick auf die Arbeit seines Nachbarn geworfen, aber dabei im Geiste eine Art Photo von der aufge-

Ian Stevenson, Professor für Psychiatrie an der University of Virginia und Leiter der Untersuchungen über Persönlichkeitsspaltung, gehört zu den führenden Reinkarnations-Forschern der Welt. Sein Buch „Reinkarnation: Der Mensch im Wandel von Tod und Wiedergeburt" wird als Klassiker auf diesem Gebiet angesehen.

Da sich die gewissenhafteren Forscher der Gefahr einer Beeinflussung und möglichen Kryptomnesie bewußt sind, suchen sie zunächst nach alternativen Erklärungen für die Schilderungen ihrer Versuchspersonen, bevor sie sie als einen Beweis für die Reinkarnation anerkennen. Dennoch sind die lebendigen Geschichten, die unter Hypnose berichtet werden, die aufregendsten und dramatischsten der ganzen Reinkarnations-Literatur. Und sie können eine außerordentliche Wirkung auf jene haben, die sie erzählen, ungeachtet ihres Ursprungs oder Wahrheitsgehalts. Als beispielsweise 1956 eine britische Zeitung einen Wettbewerb durchführte, mit dem Beweise für die Wiedergeburt erbracht werden sollten, da meldete sich der Hypnotiseur Henry Blythe, der das frühere Leben der 32jährigen Naomi Henry, in dem sie Mary Cohen gewesen war, nachweisen wollte. In der Gegenwart von Reportern bat Blythe die vermeintliche Mary Cohen, sich an ihr Leben in verschiedenen Altersstufen zu erinnern. Tatsächlich schienen ihre Stimme und ihr Benehmen im Laufe ihrer Erzählung immer älter zu werden. Als Blythe sie schließlich aufforderte, sich als 70jährige zu beschreiben, antwortete sie ihm aber nicht. Zu seinem Entsetzen mußte er entdecken, daß sie nicht mehr atmete, keinen Puls mehr hatte und alle Farbe aus ihrem Gesicht gewichen war. Angsterfüllt versicherte der Hypnotiseur Mrs. Henry, daß ihr nichts geschehen könne, und daraufhin begann sie wieder zu atmen. Bei weiteren Fragen stellte sich dann heraus, daß die angebliche Mary Cohen im Alter von 66 Jahren gestorben war. Nach dieser offensichtlichen Begegnung mit dem Tod sagte die Zeitung, die den Wettbewerb durchgeführt hatte, alle weiteren Versuche ab.

schlagenen Seite gemacht. Das Bild der esoterischen Schrift hatte sich so tief in sein unbewußtes Gedächtnis eingeprägt, daß es dort jederzeit abrufbereit blieb, wenn nur die richtigen Bedingungen – etwa ein Trancezustand – gegeben waren.

Ein anderes beliebtes Beispiel für Kryptomnesie ist die Geschichte der englischen Gräfin Maud, die angeblich im 14. Jahrhundert lebte und die Hauptrolle in den überzeugend genauen Erinnerungen einer Versuchsperson spielte, die 1906 in England hypnotisiert wurde. Das Porträt von Maud war einfach perfekt: Die Versuchsperson beschrieb, was sie aß, wie sie sich kleidete und welche Freunde sie hatte – ein wahrer Schatz von alltäglichen Details des mittelalterlichen Lebens, die sich in fast allen Einzelheiten als zutreffend erwiesen. Aber das hatte seinen guten Grund. Denn wie ein Forscher der Society for Psychical Research herausfand, stammten die historischen Details alle aus einer wenig bekannten Erzählung, an deren Lektüre sich die Versuchsperson schließlich erinnerte. Bezeichnenderweise trug sie den Titel „Gräfin Maud".

Zu den beeindruckendsten und am besten dokumentierten Regressionsfällen gehört die Geschichte des Graham Huxtable, eines Schwimmlehrers aus dem südwalisischen Swansea. Ungefähr zu der gleichen Zeit, als Henry Blythe seine Versuche mit Naomi Henry durchführte, stellte sich Huxtable einem walisischen Hypnotiseur namens Arnall Bloxham als Versuchsperson zur Verfügung. Bloxham hypnotisierte Huxtable, und wie bei Hunderten anderer Patienten ließ er auch während der Sitzung mit dem Schwimmlehrer ein Tonbandgerät laufen.

Bald nachdem Huxtable in Trance gekommen war, schien er ein gewisser Ben zu werden, der offenbar im 18. Jahrhundert auf einer britischen Fregatte, die er *Aggie* nannte, Batterieleiter gewesen war. Zunächst beantwortete Huxtable/Ben die ihm gestellten Fragen, wenn auch ungeduldig, doch im weiteren Verlauf der Sitzung nahm dann Ben die Sache ganz in die Hand. Er ignorierte seinen Befrager und ging völlig in seiner Rolle auf. Es war deutlich, daß er unter großer Anspannung stand, während er die Männer an den Geschützen auf einen Kampf mit einem sich nähernden französischen Schiff vorbereitete. Seine Stimme wurde laut und heiser, und er sprach in einem starken Dialekt, der voller unbekannter Begriffe aus der Seemannssprache des 18. Jahrhunderts war.

Aus Bens unzusammenhängenden Sätzen fügte Bloxham später Stück für Stück das Bild des folgenden dramatischen Szenariums zusammen. Kommandant der *H. M. S. Aggie* war ein gewisser Pearce. („Er mag die Katze", sagte Ben und meinte damit die neunschwänzige Katze, eine Peitsche, mit der man aufsässige Besatzungsmitglieder zur Räson brachte. „Ja, zu gern.") Das Schiff lag vor Calais und wartete auf die „verdammten Franzosen". „Ach Gott, ich wünschte, sie kämen", sagte Ben. Minuten später werden die Franzosen gesichtet, und der Kanonier beginnt immer eindringlicher und aufgeregter auf seine Männer einzureden: „Langsam, Jungs, langsam. Gemach, gemach, wartet auf den Befehl. Schwingt die Lunten." Als der Befehl kommt, brüllt Ben: „JETZT, DU IDIOT! VORWÄRTS, IDIOT, JETZT, JETZT!" Und als die Schüsse losgehen, schreit er jubelnd auf.

Ben kommandiert seine Männer weiter herum, lobt, flucht und feuert sie an, während sie ihre Geschütze nachladen und immer wieder feuern. „GUT GEMACHT, JUNGS, ZIEHT SIE VOR! ZIEHT SIE VOR!" Und dann schreit er, offenbar in der Hitze des Gefechts: „Holt den Mann raus, holt ihn raus!" Es erfolgt anscheinend eine weitere Salve, und Ben brüllt: „Beeilt euch, Männer! Bei Gott, du Bastard! Diesmal haben wir ihn erwischt. So richtet man eine Kanone. Verflucht, jetzt haben sie den alten Pearce erwischt, sie haben Pearce erwischt!" Ben hält einen Moment lang inne, und dann schreit er: „MEIN VERDAMMTES BEIN! MEIN BEIN! MEIN BEIN!"

Bloxham hatte Mühe, Huxtable wieder aus der Trance zu holen, und nachdem es ihm gelungen war, beklagte sich dieser über Schmerzen in seinem Bein. Als Huxtable das Band anhörte, war er über das von ihm Gesagte sehr erstaunt. Wie er versicherte, war er nie zur See gefahren, noch hatte er sich je sonderlich für die Geschichte der Kriegsmarine interessiert. Experten bestätigten später, daß Bens Jargon und Dialekt authentisch waren, doch konnten sie in den Marine-Archiven aus jener Zeit weder ein Schiff mit dem Namen (oder Spitznamen) *Aggie* noch einen Kommandanten Pearce entdecken. (Kritiker bemerken, daß sich bei hypnotischen Rückführungen oft nebensächliche Details wie altmodische Ausdrücke, ungewöhnliche Bräuche oder andere Merkwürdigkeiten, die der Zeit und dem Ort entsprechen, verifizieren lassen, daß jedoch zentrale Fakten, wie die tatsächliche Existenz einer Person oder eines Ortes, kaum nachgewiesen werden können, wodurch die ganze Geschichte zweifelhaft bleibt.)

Auf der anderen Seite ließen sich weder Bücher noch Filme ausfindig machen, durch die sich Huxtables Unterbewußtsein eine solche Geschichte eingeprägt haben könnte. Sicherlich war Bens Schilderung äußerst glaubwürdig und vermittelte einen sehr realistischen Eindruck. Und wenn Huxtable nicht tatsächlich noch einmal ein vergangenes Leben durchlebte, so muß er doch, wie manche Forscher meinen, Kräfte der Erinnerung oder Phantasie mobilisiert haben, die ebenso geheimnisvoll sind.

Aber so faszinierend und aufregend diese Geschichten auch sein mögen, das unangefochtene Paradebeispiel der Regression ist und bleibt Virginia Tighe, die Ehefrau eines Geschäftsmannes aus Pueblo in Colorado. Unter Hypnose behauptete sie, vor mehr als einem Jahrhundert als Bridget (Bridey) Murphy in Irland gelebt zu haben. Der Name Bridey Murphy gilt als der überzeugendste Fall in der Geschichte der Regression und Reinkarnation.

Die Berichte von Bridey Murphys Leben wurden von Morey Bernstein bekanntgemacht, einem erfahrenen Hypnotiseur aus Pueblo. Bernstein war der eigentliche Entdecker der geheimnisvollen Irin; in seinem 1956 erschienenen Buch *Protokoll einer Wiedergeburt: Der weltbekannte Fall der Bridey Murphy* schildert er ausführlich seine Gespräche und Sitzungen mit ihr. Seine Geschichte, die 1954 zunächst als Zeitungsserie veröffentlicht wurde, entwickelte sich zu einer internationalen Sensation und brachte das Thema der Reinkarnation auf die Titelseiten der ganzen Weltpresse.

Reinkarnation oder Erinnerung?

Möglicherweise sind viele vermeintliche Erinnerungen an Vorleben nicht auf Reinkarnation, sondern auf Kryptomnesie zurückzuführen. Der britische Hypnotherapeut Joe Keeton hat mehr als 9000 Rückführungen gemacht und glaubt, daß in den meisten Fällen längst verschüttete Erinnerungen eine wichtige Rolle dabei spielen – wenn auch nicht immer.

Ein außergewöhnlicher Fall in seiner Praxis ist der des Ray Bryant, der sich unter Hypnose zu erinnern schien, als Feldwebel im Krimkrieg gekämpft zu haben. Wie Keaton sagt, enthielten Bryants Schilderungen der Schlachten präzise Einzelheiten, die in keinem Geschichtsbuch zu finden waren. Seine Darstellungen stimmten mit Berichten überein, die ein junger Offizier während jenes Krieges seiner Mutter geschrieben hatte. Diese Briefe hatte die Familie des Offiziers einem Museum geschenkt, doch sie waren nie veröffentlicht worden.

Aber einige von Bryant geschilderte Einzelheiten waren offensichtlich falsch. Als in einer Fernsehsendung über seine Rückführung berichtet wurde, erwähnte er, daß er auf der Krim ein Hammond-Gewehr benutzt habe. Melvin Harris, der für die Sendung recherchierte, stellte aber fest, daß damals keine Hammonds in Gebrauch waren. Das tatsächlich verwendete Gewehr erforderte neue Ladetechniken, die ein Soldat wohl kaum vergessen konnte. Ferner sagte Bryant, er würde sich daran erinnern, daß während der Schlacht an der Alma Rauchschwaden von einem brennenden Wagen aufgestiegen seien. In Wirklichkeit war das ganze Schlachtfeld in Rauchschwaden gehüllt, weil die Russen ein benachbartes Dorf in Brand gesteckt hatten.

Und so bleibt, wie viele andere Fälle, auch dieser faszinierend, aber ungelöst.

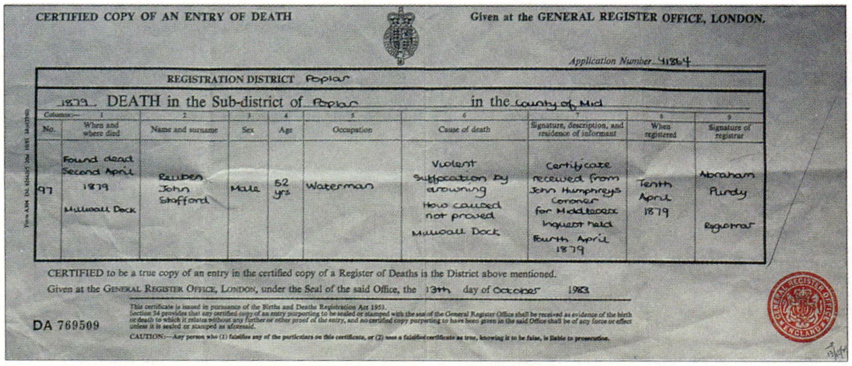

CERTIFIED COPY OF AN ENTRY OF DEATH — Given at the GENERAL REGISTER OFFICE, LONDON.

Application Number 41864

REGISTRATION DISTRICT Poplar

1879 DEATH in the Sub-district of Poplar in the County of Mid

No.	When and where died	Name and surname	Sex	Age	Occupation	Cause of death	Signature, description, and residence of informant	When registered	Signature of registrar
97	Found dead Second April 1879 Millwall Dock	Reuben John Stafford	Male	52 yrs	Waterman	Violent suffocation by drowning How caused not proved Millwall Dock	Certificate received from John Humphreys Coroner for Middlesex Inquest held Fourth April 1879	Tenth April 1879	Abraham Purdy Registrar

CERTIFIED to be a true copy of an entry in the certified copy of a Register of Deaths in the District above mentioned.

Given at the GENERAL REGISTER OFFICE, LONDON, under the Seal of the said Office, the 13th day of October 1983

This certificate is issued in pursuance of the Births and Deaths Registration Act 1953. Section 34 provides that any certified copy of an entry purporting to be sealed or stamped with the seal of the General Register Office shall be received as evidence of the birth or death to which it relates without any further or other proof of the entry, and no certified copy purporting to have been given in the said Office shall be of any force or effect unless it is sealed or stamped as aforesaid.

CAUTION:—Any person who (1) falsifies any of the particulars on this certificate, or (2) uses a falsified certificate as true, knowing it to be false, is liable to prosecution.

DA 769509

Ein Totenschein offenbart, daß Reuben John Stafford – jener Soldat, der Ray Bryant in seinem früheren Leben angeblich war – 1879 ertrank. Offenbar beging er Selbstmord.

Wie manche glauben, steht Bryant hier auf einem Londoner Friedhof an seinem eigenen Grab. Hier wurde Stafford bestattet.

Hier versetzt der Freizeit-Hypnotiseur Morey Bernstein Virginia Tighe alias Ruth Simmons – oder Bridey Murphy – in Trance. Sein Buch über ihre angebliche Wiedergeburt wurde eine weltweite Sensation. Obgleich dieses Photo aus dem Jahre 1956 gestellt wurde, soll Virginia Tighe während der Aufnahmen tatsächlich in Trance gefallen sein.

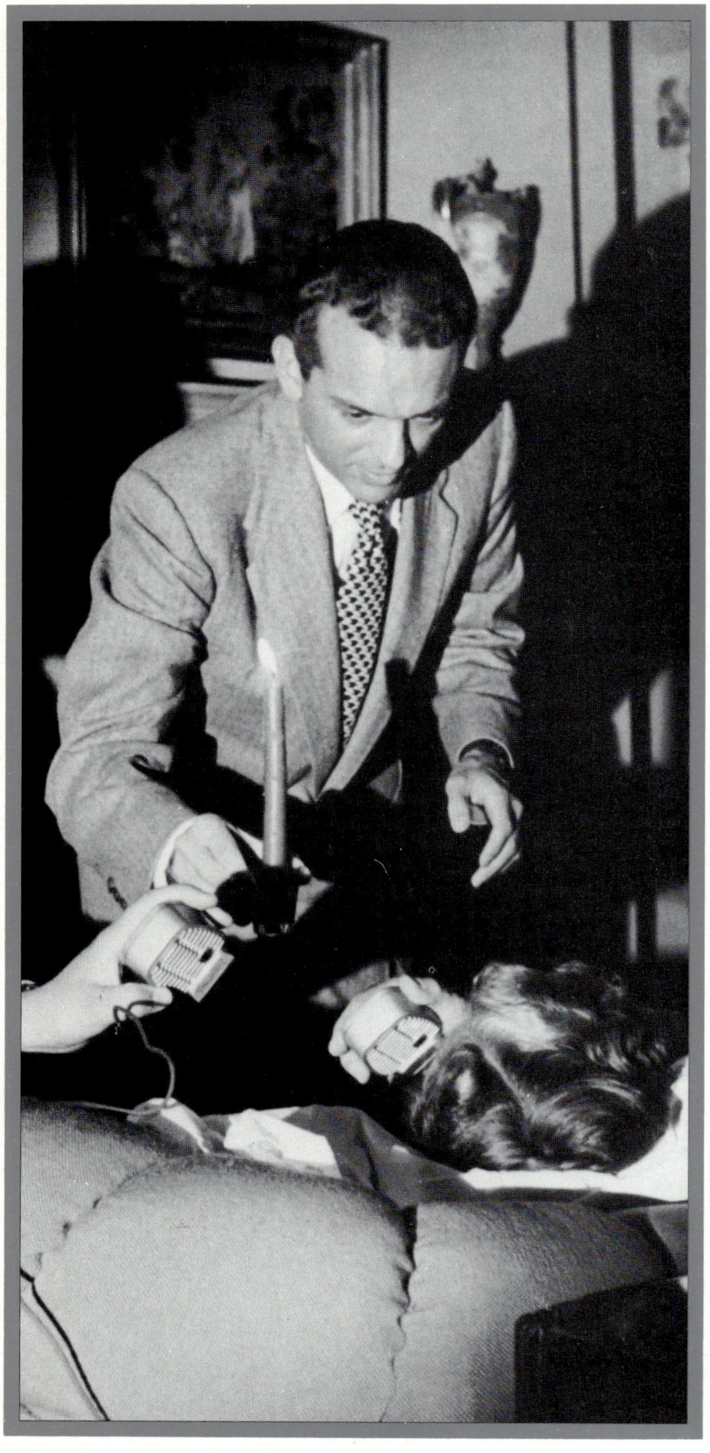

Bernstein nannte Virginia Tighe zunächst Ruth Simmons, um ihre Anonymität zu wahren, denn sie fürchtete, daß es bei der Familie ihres Mannes Mißfallen erregen würde, wenn sie sich als gute Christin mit Wiedergeburt und Hypnose befaßte. Zu der Zeit, als die Sitzungen stattfanden, war Virginia Tighe 29 Jahre alt und Mutter von drei Kindern. Sie stammte aus Madison im amerikanischen Bundesstaat Wisconsin und hatte später einige Jahre in Chicago gelebt. Wie sie sagte, war sie niemals in Irland gewesen und stand auch in keiner besonderen Beziehung zu Iren. (Auch Bernstein behauptete, nichts über Irland zu wissen.) Und dennoch konnte Virginia Tighe einen wunderbar lebendigen und ausführlichen Bericht von Brideys Leben im Irland des 19. Jahrhunderts geben.

Bridey trat in Erscheinung, nachdem Bernstein Mrs. Tighe in ihre Kindheit zurückgeführt und sie dann ermuntert hatte, „sich an einen anderen Ort, in eine andere Zeit zu begeben". (Kritiker warfen ihm später vor, sie so beeinflußt zu haben.) „...die Farbe von meinem ganzen Bett abgekratzt...", waren ihre ersten Worte, die sich auf einen Vorfall in ihrer frühen Kindheit bezogen. Und mit irischem Akzent erzählte sie dann, daß sie in der südirischen Stadt Cork als Tochter protestantischer Eltern aufgewachsen sei. Ihr Vater, ein Rechtsanwalt, hieß Duncan – wie auch ihr Bruder – und ihre Mutter Kathleen. Auf der Jagd nach beweisbaren Details entlockte Bernstein ihr als Geburtsdatum das Jahr 1798 und eine Schilderung ihres Todes, der 66 Jahre später erfolgte, nachdem sich Bridey die Hüfte gebrochen hatte. Wie sie sagte, sei sie irgendwie einfach hinübergedämmert, und nach der Totenmesse, bei der ein Mann die *uilleann pipes* (ein volkstümliches irisches Blasinstrument) spielte, habe man sie dann „verscharrt".

Im Verlauf von sechs Sitzungen, die Bernstein mit einem Kassettenrecorder aufnahm, sprudelten alle möglichen Details aus ihr hervor – Namen, Daten, Orte, Ereignisse, Sitten, Lieder. Bridey erzählte, daß sie im Alter von 20 Jahren mit Sean Brian Joseph McCarthy, dem katholischen Sohn eines Rechtsanwaltes aus Cork, protestantisch getraut worden war. Brian, wie sie ihn nannte, hatte ebenfalls Jura studiert, und nach ihrer Hochzeit zogen die beiden nach Belfast, wo er an der Queen's University lehrte. Auf Wunsch von Brians Familie wurden sie in der Sankt-Theresa-Kirche in Belfast von Pater John Joseph Gorman ein zweites Mal katholisch getraut. Bei anderer Gelegenheit beschrieb sie die Klippen von Antrim, wo sie als Kind gewesen war („kleine Ströme rauschen eilig hinunter und graben sich schmale Betten in den Grund"), die Geschäfte, in denen sie in Belfast eingekauft hatte (das Lebensmittelgeschäft Farr's und den Gemüsehändler John Carrigan), oder ihre Leibspeise (Kartoffelkuchen, die sie umgangssprachlich „platters" nannte). Einmal sagte sie, sie könne den „Morgen-Jig" tanzen, und durch eine posthypnotische Suggestion von Bernstein führte Virginia Tighe später noch einen schwungvollen kleinen Tanz vor.

Virginia Tighe war das Aufsehen, das der Fall Bridey Murphy erregte, unangenehm. „Ich weiß nur", sagte sie einmal, „daß die Geschichte, soweit sie mich betrifft, kein Schwindel ist."

In solchen Kleinigkeiten, den vielen alltäglichen Fakten und Ereignissen, lag der hauptsächliche Zauber von Brideys Geschichte. Wenn Mrs. Tighe nach den Sitzungen wieder aus der Hypnose kam und das Band abhörte, war sie stets verblüfft. Sie hatte für keine der Angaben eine Erklärung. Als Bernstein weiterforschte und Bridey über die Zeit zwischen einem Leben und dem nächsten befragte, antwortete sie vage, es sei ein Ort des Wartens, an dem alle warteten, eine Sphäre ohne Tag oder Nacht, ohne Tod oder Krankheit oder Familien. Wie sie sagte, konnte man dort reisen, indem man sich einfach an einen anderen Ort wünschte. Irgendwann habe sie dann von „ein paar Frauen" von ihrer bevorstehenden Wiedergeburt erfahren und sei einfach in eine andere Existenz übergegangen.

Brideys Geschichte erwies sich als so faszinierend und sprach die Phantasie der Menschen so stark an, daß man sie in 30 Ländern und in Dutzenden von Zeitungen als Serie veröffentlichte. Barkeeper mixten Bridey-Murphy-Cocktails, Diskjockeys spielten „Die Ballade von Bridey Murphy", Komiker rissen Witze über die Wiedergeburt („Ich habe mein Testament geändert – ich vermache mir jetzt alles selbst", witzelte einer), und in Kalifornien bot ein selbsternannter „Mr. Hypnose" für 25 Dollar eine Reise in das frühere Leben an. Darüber hinaus erfreuten sich Parties unter dem Motto „Kommen Sie, wie Sie waren" vorübergehend großer Beliebtheit. Aber die Angelegenheit sollte nicht nur heitere Seiten haben. In Shawnee in Oklahoma erschoß sich ein Jugendlicher, und in seinem Abschiedsbrief schrieb er, ihn habe die Geschichte der Bridey Murphy sehr neugierig gemacht, deshalb wolle er die Sache nun selbst überprüfen.

In der Zwischenzeit stöberten Journalisten in staubigen irischen Archiven, um die unzähligen Details von Brideys Geschichte zu verifizieren oder zu widerlegen. Diese Suche führte zu unterschiedlichen Ergebnissen. Viele ihrer Aussagen erwiesen sich als richtig, oder zumindest entsprachen sie der damaligen Zeit und dem Ort, wie etwa ihre Beschreibung der Klippen von Antrim, der Geschäfte von Farr und Carrigan und der *uilleann pipes*, die, wie sie sagte, bei ihrem Begräbnis gespielt worden waren. Bridey – beziehungsweise Virgina Tighe, eine Amerikanerin – schien auch Dinge zu wissen, die sie eigentlich nur in Irland hatte erfahren können, und selbst dort nur unter Schwierigkeiten.

Diejenigen, die ihre Geschichte als Schwindel entlarven wollten, hörten mit Vergnügen, daß die Reporter keinerlei Beweise für die Existenz von Bridey und ihrer Familie finden konnten. Es gab tatsächlich keine Dokumente, die ihren Bericht von Geburt, Heirat und Tod bestätigten, was aber daran liegen konnte, daß sie zu dieser Zeit noch nicht von der Regierung erfaßt wurden. Allein eine Familienbibel hätte vermutlich die gesuchten Daten enthalten, aber sie in einem Land zu finden, in dem es Zehntausende von Murphys gab, erwies sich selbst für die Scharen selbsternannter Forscher, die in Irland nach Beweisen suchten, als unmöglich.

Andererseits stellten sich einige von Brideys Erinnerungen bei näherer Untersuchung als schlichtweg falsch heraus, und darüber hinaus sprach sie auch nicht immer im selben Dialekt. Manchmal hatte sie einen starken irischen Akzent, aber offenkundig mischten sich auch amerikanische Ausdrücke des 20. Jahrhunderts darunter. Eine Chicagoer Zeitung stellte Nachforschungen über die Zeit an, die Virginia Tighe in dieser Stadt verbracht hatte, und behauptete dann, daß die Quelle für

Von den Ruinen des Dunlace Castle an der Küste der Grafschaft Antrim in Irland konnte Virginia Tighe eine richtige Beschreibung geben.

Aber manchmal irrte sich Virginia Tighe auch. Die Häuser in Antrim, die sie für Holzhäuser hielt, waren in Wirklichkeit aus Stein.

Brideys Wissen eine gebürtige Irin war, die Virginia als Kind gekannt hatte. Aber diese Enthüllungen lösten sich bei genauerer Untersuchung in nichts auf. Wie sich herausstellte, war die fragliche Frau niemals mit Virginia zusammengetroffen und hatte sie schon gar nicht mit Geschichten im irischen Dialekt erfreut. Auch die Tatsache, daß sie die Mutter einer jener Redakteure war, die den entlarvenden Artikel geschrieben hatten, ließ weitere Zweifel an der Objektivität der Zeitung aufkommen.

Das endgültige Urteil über den Fall Bridey Murphy ist noch nicht gefällt. Mrs. Tighe lehnte Angebote von Nachtclubs und andere Möglichkeiten ab, Kapital aus ihrer augenblicklichen Berühmtheit zu schlagen, und Bernstein blieb durch sein seriöses, aufrichtiges Verhalten und seine ernste Art glaubwürdig. William Barker von der *Denver Post* – der beste Reporter, der Brideys Spur verfolgte – kam zu dem Schluß, daß die Geschichte „das Signum der Wahrheit hat, was immer diese Wahrheit letztlich bedeuten mag". Selbst Ian Wilson, der gewiß kein Befürworter des Reinkarnations-Gedankens ist, entdeckte in Brideys Geschichte „Beweise für etwas, das sich bisher nicht erklären läßt". Auch Ian Stevenson mit seiner generellen Antipathie gegen hypnotische Rückführungen betrachtet das Phänomen Bridey Murphy als eine seltene Ausnahme. Virginia Tighes Erinnerungen an ihr Leben als Bridey könnten sich immer noch als Phantasie des Unterbewußten herausstellen, die ihren Ursprung in einem unentdeckten Buch oder einem vergessenen Kindheitserlebnis haben, doch das glaubt Stevenson nicht. Er meint, daß sie ihre Erinnerungen auf irgendeinem paranormalen Weg erworben hat.

Während die meisten Reinkarnations-Forscher Beweise in Schilderungen von Menschen suchen, die sich an frühere Leben zu erinnern glauben, haben andere auf Wunderkinder verwiesen, deren Talente sich so früh entwickelten, daß manche Forscher glauben, sie könnten nur aus einem früheren Leben stammen. Zu den erstaunlichsten Beispielen gehören Wolfgang Amadeus Mozart, der bereits mit fünf Jahren anspruchsvolle Musikstücke komponierte, und Jean Cardiac, ein französischer Junge aus dem 18. Jahrhundert, der mit drei Monaten angeblich bereits das Alphabet kannte und im Alter von sechs Jahren ein halbes Dutzend Sprachen beherrschte. Und dann ist da auch noch jener blinde Sklavenjunge namens „Blind Tom", der vor dem amerikanischen Bürgerkrieg in Georgia lebte und sofort Klavier spielen konnte, als er sich im Alter von vier Jahren zum erstenmal an das Instrument setzte. Ein Lehrer, der sich des Jungen annahm, erklärte, dieser verstehe mehr von Musik, als andere jemals begreifen oder erlernen könnten. Psychologen behaupten dagegen, daß Wunderkinder lediglich mit geistigen Besonderheiten geboren werden, die ihnen ein extremes Gedächtnis und eine außergewöhnliche Denkfähigkeit verleihen.

Weitaus überzeugender ist jener Zweig der Reinkarnations-Forschung, der ein Phänomen untersucht, das die Parapsychologen als Xenoglossie bezeichnen. Man versteht darunter das Sprechen einer Sprache, die man nicht erlernt hat, und das Phänomen kann dann auftreten, wenn Menschen anscheinend noch einmal eine frühere Inkarnation durchleben. Ian Stevenson unterscheidet hier Selbstgespräche und „responsive Xenoglossie", bei der der Betroffene in der Lage ist, sich spontan in einer anderen Sprache mit einem anderen zu unterhalten. Seiner Meinung nach kann letztere Fähigkeit weder auf normalem noch paranormalem Wege von einer Person auf eine andere übertragen werden. Sie läßt sich nur durch viel Übung erlernen. Eines der wenigen gut dokumentierten Beispiele ist der Fall einer gewissen T. E., den Stevenson zu Beginn des Jahres 1958 ausführlich untersuchte.

T. E., deren wahre Identität zum Schutze ihrer Privatsphäre nie preisgegeben wurde, war zu dem Zeitpunkt, an dem die Experimente stattfanden, 37 Jahre alt und Hausfrau in Philadel-

Es gab Leute, die behaupteten, die wirkliche Bridey Murphy sei Bridie Corkell aus Chicago; das Photo zeigt sie mit ihren Enkelkindern. Als Bernsteins Buch in den „Chicago Daily News“ abgedruckt wurde, brachte das Konkurrenzblatt „Chicago American“ einen Bericht, nach dem Virginia Tighe als Kind Bridie Corkell gut gekannt und ihre Reinkarnation aufgrund von Mrs. Corkells Erzählungen erdichtet habe. Aber auch diese Geschichte hatte viele Schwachpunkte.

phia. Sie wurde von ihrem Mann hypnotisiert, einem Arzt, der gelegentlich mit hypnotischen Rückführungen experimentierte. Wenn er seine Frau in Trance versetzte, was er mindestens achtmal tat, dann schien sie zu einem Bauern namens Jensen Jacoby zu werden. Ihre Stimme nahm einen tiefen, männlichen Klang an, und sie behauptete, vor drei Jahrhunderten gelebt zu haben. Während der ersten Sitzungen sprach Jensen Jacoby alias T. E. gebrochen Englisch, aber im Laufe der Zeit benutzte er immer häufiger schwedische Worte. In der sechsten Sitzung unterhielt sich Jacoby mit einigen eingeladenen Gästen, die die Sprache beherrschten, dann nur noch auf Schwedisch. Manchmal waren Jacobys Antworten nach Stevensons Dafürhalten schwerfällig und wiederholten sich, ähnlich wie bei einem Menschen, der unter einem organisch bedingten Gehirnsyndrom, wie etwa einem Delirium, leidet oder sich in einem Zustand totaler Erschöpfung befindet. Ein andermal hatte Jacoby einen lebhaften, erregten Gesichtsausdruck, etwa wenn er über seine tiefe Abneigung gegen Krieg und Kampf sprach. Einmal unterhielt er seine überraschten und faszinierten Zuhörer auch damit, daß er sich übermütig und wie ein Betrunkener bei einer Zecherei gebärdete.

Niemand hatte eine rationale Erklärung für T. E.s neuerworbene Sprachkenntnisse. Ihre Eltern waren russische Immigranten, aber zu Hause sprachen sie fast immer Englisch, und wenn sie oder ihre Verwandten sich einmal in einer anderen Sprache unterhielten, dann ausschließlich in Polnisch oder Russisch. Auch ihr Mann konnte, wie er sagte, kein Wort Schwedisch. T. E. selbst hatte sich niemals mit skandinavischen Sprachen beschäftigt und auch nie Umgang mit Schweden gehabt. Die einzige Verbindung, die Stevenson entdecken konnte, war eine populäre Fernsehserie über schwedische Immigranten in Amerika, die T. E. angeschaut hatte. Während einer Sitzung wurden Jacoby dann verschiedene Gegenstände aus einem schwedischen Museum gezeigt, wie etwa das Modell eines Schiffes aus dem 17. Jahrhundert, und den meisten gab er die korrekten schwedischen Bezeichnungen.

Schweden, die bei der Sitzung anwesend waren, bestätigten darüber hinaus, daß Jacoby ein altes Schwedisch sprach, in das sich einige norwegische Worte mischten, was aber für die damalige Zeit richtig zu sein schien. Ferner bescheinigten sie ihm, daß er selbst beim Aussprechen der schwierigsten Wörter keine Schwierigkeiten hatte. Jacoby beantwortete auch eine lange Liste von Fragen, die in Schwedisch gestellt wurden, und gab Dutzende von schwedischen Ausdrücken zum besten. Immer noch nicht restlos überzeugt, machte Stevenson mit T. E. einen Test, um festzustellen, ob sie besonders sprachbegabt war. Sie schnitt schlecht ab.

Stevenson kam zu dem Schluß, daß die Beherrschung einer Fremdsprache in diesem Umfang nicht durch Kryptomnesie, Telepathie oder außersinnliche Wahrnehmung erklärt werden konnte. Darüber hinaus untersuchte er die Möglichkeit eines Betrugs seitens T. E. oder ihres Mannes, aber nachdem er

Die Leben des Dalai Lama

Diese vergoldete Kupferfigur ist eine Darstellung des Bodhisattwa Awalokiteschwara, dessen Seele in jedem Dalai Lama wohnen soll.

Im Jahre 1950 marschierten die Chinesen in Tibet ein. Sie plünderten und zerstörten Tausende von buddhistischen Tempeln und Klöstern im Land und vernichteten damit zumindest die äußeren Symbole einer alten Religion, deren Anhänger seit etwa 500 Jahren der weltlichen und geistigen Führerschaft durch eine einzige Person folgen, einen Gottmenschen – den Dalai Lama.

Die Bedeutung des Dalai Lama beruht auf der uralten buddhistischen Lehre der Wiedergeburt. Wie Hindus glauben auch die Buddhisten an die Seelenwanderung. Jene erleuchteten Seelen, die alles Karma abgetragen haben, erreichen schließlich das Nirwana – einen Zustand des Verschmelzens mit der transzendenten All-Einheit und der Loslösung vom endlosen Kreislauf des Todes und der Wiedergeburt. Aber die reife Seele kann wählen, ob sie ins Nirwana eingehen oder im Rad der Wiedergeburt bleiben will, um anderen Seelen zu helfen, Erleuchtung zu erlangen. Ein solches Wesen wird Bodhisattwa genannt. Dieses Wort kommt aus dem Sanskrit und bedeutet etwa „erleuchtetes Wesen". Bodhisattwas geloben, nicht ins Nirwana einzugehen, bevor ihnen nicht alle anderen Seelen vorausgegangen sind.

Unter den tibetischen Buddhisten gilt als das Heiligste dieser halbgöttlichen Wesen Awalokiteschwara, der Bodhisattwa des Mitgefühls. Und wie man glaubt, ist jeder Dalai Lama eine Inkarnation des Awalokiteschwara – einer einzigen Seele, die Erbe der Weisheit zahlreicher Leben ist.

Nach dem Tod des ersten Dalai Lama im Jahre 1475 brachen Mönche auf, um als seinen Nachfolger ein Kind zu suchen, von dem sie glaubten, daß es von Awalokiteschwara für seine nächste Inkarnation auserwählt worden sei. Dieser Brauch setzte sich über die Jahrhunderte bis zum heutigen vierzehnten Dalai Lama fort, der 1959 aus seinem Palast in Tibet fliehen und ins indische Exil gehen mußte.

Die Suche jedes neuen Dalai Lama wird durch göttliche Zeichen gelenkt. So können die Mönche Träume oder Visionen haben, die Hinweise auf seinen ungefähren Aufenthaltsort, sein Alter und sein Aussehen geben. Wenn das Kind gefunden ist, wird es geprüft, um festzustellen, ob es sich wirklich um den Gesuchten handelt. Als wichtigste Prüfung muß es aus einer Anzahl von Gegenständen diejenigen auswählen können, die seinem Vorgänger gehört haben. Die richtige Wahl ist von entscheidender Bedeutung, denn die tibetischen Buddhisten glauben, daß jene Menschen, die freiwillig wiedergeboren werden, sich an ihr früheres Leben erinnern können.

Außer dem Dalai Lama, dem Oberhaupt der tibetischen Buddhisten, gibt es noch viele andere tibetische Führer, deren Nachfolge durch Reinkarnation bestimmt wird. Der hochstehende Pantschen Lama beispielsweise gilt als Verkörperung von Amitabha, dem Bodhisattwa des „Grenzenlosen Lichtes" und Vater des Awalokiteschwara.

In der Tat kann jeder Lama – ein Titel, der vollgeweihten buddhistischen Mönchen und Priestern, aber auch Nonnen und selbst heiligen Laien in Tibet zusteht – im Körper eines Kindes wiedergeboren werden. Solche Reinkarnationen werden, auch auf die hohen Lamas bezogen, Tulku genannt. Ein Tulku kann sowohl männlich als auch weiblich sein; der Dalai Lama war allerdings immer ein Mann.

Alle Tulku sind sich angeblich ihrer vorangegangenen Existenzen bewußt. So war es früher in Tibet nicht ungewöhnlich, daß ein Kind seinen Eltern beispielsweise von einem früheren Leben als Abt oder als Respektsperson erzählte. Wenn die Eltern dem Kind glaubten, baten sie mitunter Lamas, die Angelegenheit zu prüfen. Der Wiedergeburt heiliger Laien kam praktisch keine Bedeutung zu, wenn man aber von einem Tulku glaubte, daß er ein reinkarnierter Religionsführer war, wurden ihm Besitz und Privilegien seines Vorgängers übertragen.

Der jetzige Dalai Lama (links) wurde 1935 geboren und lebte als kleines Kind auf dem elterlichen Bauernhof, wo ihn als Pilger verkleidete Mönche entdeckten. Später schrieb er, daß er ihre Verkleidung sofort durchschaute und den Fremden entgegenlief, um sie wie alte Freunde zu begrüßen. Der dreizehnstöckige, in den tibetischen Himmel aufragende Potala-Palast (unten) ist die traditionelle Residenz des Dalai Lama. Potala bedeutet „heilige Wohnstätte des Awalokiteschwara".

auf der Suche nach Motiven für einen so raffinierten Schwindel ausführlich mit Bekannten der beiden gesprochen, eine Reihe von Persönlichkeitstests durchgeführt und Tests mit Lügendetektoren vorgenommen hatte, war der Arzt schließlich überzeugt, daß alle die Wahrheit sagten. Nach seiner Meinung kamen als mögliche Erklärung für T. E.s Xenoglossie nur noch Wiedergeburt und Besessenheit in Frage.

Kritiker aber, unter ihnen Wilson und Rogo, ließen sich nicht überzeugen. So war, wie sie feststellten, beispielsweise dadurch, daß T. E. anonym blieb, eine unabhängige Prüfung durch Dritte unmöglich. Noch bedenklicher erschien ihnen die Tatsache, daß T. E. nach ihrer Jacoby-Episoden Trancemedium wurde, was die Vermutung nahelegt, daß sie mehr als ein flüchtiges Interesse an paranormalen Phänomenen hatte. Darüber hinaus entdeckte man bei zwei Gelegenheiten Notizen bei ihr, die im Wortlaut mit den „Botschaften" übereinstimmten, die sie während der Trance gab. Aber alle diese kritischen Einwände änderten nichts an der Tatsache, daß sie Fragen in einer fremden Sprache spontan beantworten konnte. Wie der Fall Bridey Murphy muß daher auch der von Jensen Jacoby als vorerst noch ungelöstes Rätsel angesehen werden.

Schon zehn Monate nach seiner Geburt im Jahre 1721 konnte der Lübecker Christian Heinrich Heinecken sprechen. Im Alter von zwei Jahren kannte er sich angeblich genau in der biblischen Geschichte aus, mit drei sprach er Französisch und Latein, und bald war er in Geographie wie auch in alter und neuer Geschichte bewandert. Als er mit vier Jahren starb, war er bereits als „Kind von Lübeck" eine Legende.

Einige Forscher glauben, daß die Fähigkeiten von Wunderkindern in früheren Leben erworben wurden. Wolfgang Amadeus Mozart, hier mit seinem Vater Leopold und seiner Schwester Maria Anna, begann mit vier Jahren zu komponieren. Mit acht schrieb er seine erste Symphonie, mit zwölf seine erste Oper.

Die meisten derjenigen, die im Zustand der Trance von früheren Leben erzählen, sind der Meinung, daß es sich dabei um Schilderungen ihrer eigenen Vorleben handelt. Es gibt aber auch Trancemedien und andere Sensitive, die behaupten, über frühere Inkarnationen anderer Menschen berichten zu können. Zu den bekanntesten gehörte gewiß Edgar Cayce, der auch „Wundermann von Virginia Beach" und „Schlafender Prophet" genannt wurde. Letzteren Namen verdankte er der Gewohnheit, seine Botschaften in einem schlafähnlichen Zustand zu übermitteln.

Der sanfte Cayce wurde 1877 im amerikanischen Bundesstaat Kentucky als Sohn eines Farmers und strenggläubigen Christen geboren. Nach Abschluß der siebten Klasse verließ er die Schule und arbeitete als Versicherungsvertreter und Photograph, und gelegentlich unterrichtete er auch an der Sonntagsschule. Als er eines Tages plötzlich seine Stimme verlor, diagnostizierte er unter Hypnose die Krankheit selbst und konnte sie offensichtlich heilen. Und nachdem seine Stimme wieder vollkommen hergestellt war, beschloß er herauszufinden, ob er im Trancezustand noch weitere Wunder vollbringen könne.

Bald entdeckte er, daß er die Gabe besaß, andere zu heilen. Nun begann

Thomas Greene Bethune, der als „Blinder Tom“ berühmt wurde, war Sklave im amerikanischen Bundesstaat Georgia. Im Alter von vier Jahren lernte er Klavier spielen, und mit sieben gab Tom sein Konzertdebüt. Als er 15 Jahre alt war, hatte er bereits zahllose Konzerte in Amerika und im Ausland gegeben.

er eine außergewöhnliche neue Laufbahn. Im Zustand der Trance diagnostizierte er Krankheiten und verordnete Mittel zu ihrer Heilung. Manchmal „untersuchte“ er die Patienten in Person, manchmal aber auch über eine Entfernung von Hunderten von Meilen hinweg, und zwar mit nichts anderem als Hintergrundinformation als den Lebensdaten des abwesenden Kranken. Dazu versetzte sich Cayce in Trance, visualisierte seinen „Patienten“ und gab dann seine medizinischen Ratschläge, die bei strikter Befolgung in vielen Fällen offenbar sogar echte Heilungen bewirkten. Als der Schlafende Prophet bekannter wurde, begann er neben der Behandlung physischer Leiden auch sogenannte *„Life-readings“* durchzuführen. Hier berichtete er den Menschen, die ihn aufsuchten, über deren Vorleben, um ihnen zu helfen, die Gegenwart besser bewältigen zu können.

Wie Cayce sagte, entsprang sein Wissen der „Akasha-Chronik“, einer Art Astralgedächtnis oder kosmischem Buch, in dem alle Ereignisse, Gedanken und Gefühle seit Anbeginn der Welt bewahrt sind. Er selbst war nach seinen Worten in vorangegangenen Leben unter anderem ein Hoherpriester im alten Ägypten, ein früher Christ und ein britischer Soldat im Amerika vor dem Bürgerkrieg gewesen. Während eines *readings* (er führte im Laufe seines Lebens etwa 2500 durch), versetzte sich Cayce in Trance, und dann verlas ein Assistent die wichtigsten Daten des Ratsuchenden (Namen, Geburtstag und einige persönliche Einzelheiten) laut vor. Seine Antwort gab der Seher mit geschlossenen Augen.

Der französische Wissenschaftler und Philosoph Blaise Pascal war ein mathematisches Wunderkind. Schon mit 16 Jahren entwickelte er ein von ihm so genanntes „mystisches Hexagramm“, auf dem später die projektive Geometrie fußte.

Oft berichtete er von Vorleben auf dem legendären Kontinent Atlantis, obgleich die ehemaligen Bewohner von Atlantis, wie viele meinen, noch zahlreiche andere Existenzen durchlaufen haben sollen, bevor sie in der heutigen Zeit geboren wurden. In einem Fall sagte Cayce beispielsweise von einem 14jährigen Knaben aus Alabama, er sei in seinem früheren Leben einmal Gewandmeister bei Ludwig XIV. von Frankreich, dem Sonnenkönig, gewesen wie auch Händler im klassischen Griechenland, Priester im alten Ägypten und ganz früher ein Prinz auf Atlantis mit Namen Amiaie-Oulieb, der aber ertrank, bevor er den Thron besteigen konnte. Ein anderer Junge hatte nach Cayces Aussage im 18. Jahrhundert während des Krieges zwischen Franzosen und Indianern in Nordamerika gelebt, zur Zeit der Hunnen und Goten in Westeuropa, im alten Ägypten und schließlich auch auf Atlantis, wo er angeblich zu den Wüstlingen gehörte, deren Exzesse letztlich zum Niedergang und zur Zerstörung des Kontinents geführt haben sollen.

Ähnlich wie Hindus und Buddhisten maß Cayce dem Karma große Bedeutung bei. Seiner Ansicht nach mußten Verfehlungen in einem früheren Leben durch menschliches Leid im gegenwärtigen Leben abgetragen werden, und nur ein Erkennen der Schuld und ein gewisses Maß an Sühne konnten eine Linderung bewirken.

Cayce teilte die bei den *Life-readings* auftretenden Probleme in drei Arten von Karma ein, die allgemein als Bumerang-Karma, Organismus-Karma und symbolisches Karma bezeichnet werden. Typisch für ein Bumerang-Karma ist der Fall eines blinden Universitätsprofessors, der, wie Cayce feststellte, einmal in Persien als Räuber gelebt und seine Opfer mit einem glühenden Eisen geblendet hatte. Bei einem Organismus-Karma konnte ein Mensch, der in einem Vorleben gefräßig gewesen war, im jetzigen unter Verdauungsstörungen leiden. Im Falle eines symbolischen Karmas waren die Wechselwirkungen subtiler. So konnte Taubheit nach Cayces Auffassung darauf zurückzuführen sein, daß sich der Betroffene in einem Vorleben den Leiden anderer gegenüber mitleidlos und taub gezeigt hatte, und Kleinwüchsigkeit war möglicherweise die Folge von einstigem Hochmut.

Nach Aussage von Cayces Anhängern, die in den Archiven ihres Zentrums in der Hafenstadt Virginia Beach Tausende von Diagnosen und *Life-readings* aufbewahren, konnten manche dieser Vorleben historisch tatsächlich auch belegt werden. Andere Forscher, unter ihnen Ian Stevenson, meinen dagegen, daß die Beweise für diese früheren Inkarnationen äußerst fadenscheinig sind. In der großen Mehrzahl der Fälle, so sagt er, sei der Nachweis nicht möglich gewesen, daß die im *reading* erwähnte Person mit derjenigen identisch war, für die das *reading* gegeben wurde.

Die wohl bekannteste Verfechterin von Reinkarnations-Offenbarungen durch Trancemedien war in den vergangenen Jahren Shirley MacLaine, die sich offen zu diesem Phänomen bekennt und sich der Presse gegenüber auch ausführlich darüber geäußert hat. Die quirlige Schauspielerin glaubt, in einem früheren Leben in der Mongolei gelebt zu haben, in einem anderen der Hofnarr von Louis XV. und in einem dritten eine Prostituierte gewesen zu sein. Und wie sie meint, sei es keineswegs Zufall, daß sie in vielen ihrer Filme schräge Typen gespielt habe.

Shirley MacLaine hat auch einige Bücher über ihre spirituelle Suche geschrieben und behauptet, Verbindung zu haben mit „einer verblüffenden und bewegenden Welt von PSI-Phänomenen, in der Vorleben, die Existenz von Geistführern und die wahre Unsterblichkeit der Seele … für mich mehr als nur Ideen sind". Sie hält Karma für „ein einfaches kosmisches Gesetz", nach dem man das zurückbekommt, was man gibt. „Und in jedem Leben versucht man, frühere Fehler zu überwinden."

Die Suche nach einer Erklärung, die alle noch offenen Fragen in der umfangreichen Reinkarnations-Literatur beantwortet, hat sich in den letzten Jahren immer mehr verstärkt, aber es ist noch kein Ende der Debatte abzusehen. Vielleicht ist es eine Suche ohne Ergebnis, eine Expedition in das Unbegreifbare, wo Gewißheit immer ein Fremdwort bleiben wird. Emsige Forscher lassen sich dadurch natürlich nicht abschrecken, und so vergleichen sie, theoretisieren, analysieren und hoffen, letztendlich doch noch einen eindeutigen Beweis oder Gegenbeweis zu finden.

Eine große Zahl der ernstzunehmenden wissenschaftlich arbeitenden Forscher neigt zu der Auffassung, daß die meisten Berichte von früheren Leben zumindest teilweise durch Kryptomnesie zu erklären sind. Dank der Enträtselung der berühmten Geschichte der Gräfin Maud und der Detektivarbeit, die schließlich das Geheimnis des Mannes aus Toronto lüftete, der über eine verblüffende Kenntnis des Oskischen verfügte, wissen wir, daß das Gehirn fähig ist, erstaunliche Mengen an Informationen zu speichern, die es zu einer Art persönlicher Akasha-Chronik machen. Es bleibt natürlich die Frage, warum verschiedene Menschen unterschiedliche Arten geheimnisvoller Daten speichern. Eine der möglichen Erklärungen ist, daß das Gehirn die Informationen, die es aufgrund von traumatischen Erlebnissen in diesem Leben in „Erinnerungen" umwandelt, selektiv auswählt. So konnte der amerikanische Psychologe Edwin Zolik beispielsweise in einem Fall beweisen, daß die Geschichte eines Mannes über ein früheres Leben, das er angeblich einsam am Fluß verbracht hatte, einem Film, den er einmal gesehen hatte, wie auch eigenen verdrängten Gefühlen aus seiner Kindheit entsprang, während der er von seinen Eltern vernachlässigt worden war.

Auch der finnische Psychiater Reima Kampman teilt diese Auffassung. Kampman, der jahrelang die Ursprünge von Erinnerungen an frühere Leben erforschte, ist überzeugt, daß sie sich mit dem Begriff „durch Hypnose herbeigeführte Spaltpersönlichkeit" erklären lassen. Er untersuchte eine große Zahl freiwilliger Studenten und stellte dabei fest, daß sich sieben Prozent unter Hypnose an frühere Leben zu erinnern schienen; in der Gruppe, die in tiefe Trance versetzt werden konnte, waren es sogar 41 Prozent. Doch unter Hypnose ausführlich befragt, konnten die meisten dieser Versuchspersonen Kampman genügend Anhaltspunkte dafür geben, daß die Wurzeln dieses zweiten Selbst auf recht irdische Ursachen in diesem Leben zurückzuführen waren.

Kampman konnte in dieser Versuchsreihe übrigens auch nachweisen, daß Studenten, die sich am leichtesten an Vorleben erinnerten, psychisch stabiler und ausgeglichener waren als jene, die sich gegen hypnotische Erlebnisse sträubten. Seiner Ansicht nach liegt dies daran, daß die Studenten in der für solche Erfahrungen empfänglicheren Gruppe eine ausreichend starke Persönlichkeit haben, um sich auf ein solches geistiges Abenteuer einzulassen, während es für Menschen, die weniger gefestigt und selbstsicher sind, bedrohlich erscheinen kann.

Auch Ian Stevenson nennt die Kryptomnesie die vermutlich naheliegendste Erklärung, die ausgeschlossen werden müsse, bevor irgendeine andere paranormale Hypothese in Betracht gezogen werde. Er lehnt aber die Idee von einem genetischen oder ererbten „Gedächtnis" ab, die auf den Schweizer Psychiater C. G. Jung zurückgeht und nach der wir mit bestimmten rassischen und familiären Erinnerungen geboren werden, ähnlich wie wir von Geburt an gewisse menschliche Instinkte besitzen. Stevenson meint, daß zu viele der angeblichen Wiedergeburten Familien- und sogar Kulturkreise überschreiten, um diese Theorie aufrechtzuerhalten. Auch außersinnliche Wahrnehmung hält er als Erklärung für unwahrscheinlich, da nur wenige der Versuchspersonen über diese Gabe zu verfügen scheinen und sie darüber hinaus weder Phänomene wie Xenoglossie noch die komplexen Verhaltensmuster erklärt, die gewöhnlich Erinnerungen an Vorleben begleiten. Nach Stevenson kann auch Besessenheit ausgeschlossen werden, denn dazu sind die Erinnerungen zu bruchstückhaft. Ein Mensch, der von einem anderen besessen ist, wüßte vermutlich mehr über jenes andere Leben, als es bei den Versuchspersonen gewöhnlich der Fall ist.

Und so ist das faszinierende Geheimnis der Reinkarnation im Augenblick offenbar nicht zu lüften. Für die vielen Menschen, nach deren Überzeugung der physische Tod völlige Auslöschung bedeutet und die ehernen Gesetze der Natur keinen Raum für das Überleben einer Seele lassen, in welcher Form auch immer dies geschehen würde, ist diese Diskussion bestenfalls ohne Belang. Andere begrüßen vielleicht gespannt jene „wachsende Menge an Beweisen, die einen rationalen Glauben an Reinkarnation zulassen, selbst wenn diese Beweise bei weitem noch nicht eindeutig sind", wie es Ian Stevenson einmal in seiner vernünftigen Art formuliert hat.

Das Thema jedenfalls scheint immer mehr Menschen zu interessieren, so daß sich auch die Kirche schon genötigt sah, öffentlich dazu Stellung zu nehmen. Die Diskussion wird vermutlich so lange anhalten, wie es noch Menschen gibt, die von unerklärlichen Erinnerungen an andere Leben berichten.

Die Untersuchungen des finnischen Psychiaters Reima Kampman legen den Schluß nahe, daß Erinnerungen an frühere Leben auf Kryptomnesie zurückzuführen sind. Unter Hypnose konnten sich einige seiner Versuchspersonen sogar an Seitenzahlen in Büchern erinnern, die auf verschüttete Erinnerungen – und nicht frühere Inkarnationen zurückgingen.

ein Kreislauf von Leben und Tod

Leben heißt Leiden. Sterben heiß
viedergeboren zu werden und zu leiden. Das Rad von Leben, Tod unc
Viedergeburt, Samsara genannt, dreht sich endlos und unerbittlich. Erlö-
sung ist nur durch Erleuchtung möglich – das von Mitgefühl erfüllte Be-
vußtsein um die Einheit aller Dinge. Erleuchtung ist das Tor zum Nirwana
ler Loslösung vom Kreislauf und dem Verschmelzen mit der All-Einheit.

Dies sind Grundlehren des Buddhismus, die auch besagen, daß Leider
lurch das Ichbewußtsein – die illusionäre Unterscheidung zwischen den
Selbst und dem anderen – verursacht wird. Buddha lehrte, daß kein Got
helfen wird, die Fesseln dieser Illusion abzustreifen. Der Mensch bestimm
sein Schicksal selbst und schafft durch Tun und Denken das Karma, das der
Weg hin zur Erleuchtung bestimmt. Dieser Weg kann unberechenbar seir
und viele Leben als Mensch oder anderes Wesen in dieser und anderer
Welten erforderlich machen.

Die Grundlehren des Buddhismus sind von bestechender Schlichtheit
doch im Laufe seiner 2500jährigen Geschichte und der Ausbreitung vor
Indien auf andere Länder wurde er immer komplexer. Oft mischte er sich
friedlich mit vor ihm existierenden Religionen und übernahm beispielswei-
se in Tibet Elemente der animistischen Urreligion Bon. Und so gehören zum
tibetischen Buddhismus heute auch komplizierte Rituale und Zeremonier
und eine Vielzahl von Himmeln, Höllen, Göttern und Dämonen. Unbeein-
druckt von solch sonderbaren Einflüssen meinen Buddhisten in Tibe
weiter, wie immer auch der Weg zur Erleuchtung aussehe, das Ziel se
unveränderlich und unentrinnbar.

Auf diesem tibetischen Gemälde hält Yama, der Herr des Todes, das den Kreislauf von Tod und Wiedergeburt symbolisierende Rad des Daseins. In seiner Mitte befinden sich ein Schwein, ein Hahn und eine Schlange, die Ignoranz, Begierde und Aggression darstellen.

Ein Lama – oder Mönch – feiert eine Neujahrszeremonie, um den Dämon des unbeherrschbaren Egos zu bannen. Jedem Stück seines reichgeschmückten Gewandes soll eine mystische Kraft innewohnen, die böse Geister vertreibt.

Dieser mit Silber verzierte menschliche Schädel (rechts) ist ein Symbol der Vergänglichkeit des Körpers. In ihm befindet sich Ritualwein, der bei den Einweihungsriten der Mönche verwendet wird. Dieses Gefäß stammt aus dem Potala-Palast in Lhasa.

Gebetsfahnen, „lung ta“ – Pferde des Windes – genannt, erbitten Glück für die Gegenwart und zukünftige Erleuchtung. Der Wind, der über sie streicht, soll alles segnen, was er später berührt.

Eine Nonne mit glattrasiertem Kopf hält in ihrer linken Hand eine Gebetskette und in der rechten eine Gebetsmühle. Diese tibetischen Mühlen werden gedreht und symbolisieren auf diese Weise, wie Buddha das Rad des Gesetzes dreht und die buddhistische Lehre in Gang setzt.

Mönche meditieren unter den reichbestickten Wandbehängen der Gebetshalle des Drepung-Klosters. Dieses gewaltige Kloster aus dem 15. Jahrhundert liegt nordwestlich der Stadt Lhasa.

Bei dieser Stoffmalerei, die den meditierenden Buddha auf einem Lotusthron zeigt, handelt es sich um ein typisches „tanka", ein religiöses Kunstwerk, wie es Buddhisten als Meditationshilfe verwenden. Dieses Gemälde eines buddhistischen Mönches stammt aus Katmandu, der Hauptstadt Nepals.

Bedrohlich wirkende vogelköpfige Götter, Boten höherer Gottheiten, sind in der tibetischen Kunst häufig zu finden. Buddhisten meinen, daß man sie in der Unterwelt trifft, wenn das Schicksal dort einen vorübergehenden Aufenthalt erforderlich machen sollte.

Ein Lama liest alten Menschen aus dem „Tibetanischen Totenbuch" vor. Er berichtet von dem, was sie im „bardo", einem Schattenreich zwischen Leben und Tod, erwartet. Im Gegensatz zu westlichen Kulturen, die dieses Thema angstvoll tabuisieren, lehrt der Buddhismus, daß der Tod lediglich eine natürliche Entwicklung für die Seele darstellt. Das Sterben ist eine Kunst und der Kunst des Lebens vollkommen gleichwertig. Wer willig und tapfer stirbt, körperliche Schmerzen überwindet und die richtigen Gedanken in sich trägt, wird unter günstigeren Umständen wiedergeboren. Deshalb sollen sich die Menschen, vor allem aber die älteren, mit dem Sterben auseinandersetzen

Bei einem Ritual, das man Himmlische Beisetzung nennt, füttert ein Lama einen zerstückelten Körper an Geier. Was uns als abstoßend erscheinen

mag, ist für tibetische Buddhisten eine Befreiung der Seele und ein letzter Akt der Barmherzigkeit, mit dem die Achtung vor allem Leben gefeiert wird.

DANKSAGUNG

Das Register wurde von Hazel Blumberg-McKee erstellt. Die Herausgeber möchten den folgenden Personen und Institutionen ihren besonderen Dank aussprechen:

Dr. Susan Blackmore, Bristol, England; Ray Briant, Reading, England; der Leitung der National Library of Ireland, Dublin; Mr. und Mrs. John Clark, Florenz, Italien; Nicholas Clarke-Lowes, Society for Psychical Research, London; Hugh Downs, Jr., Berkeley, Kalifornien, USA; Foreign Languages Press, Peking; Dr. Keith Harary, Institute for Advanced Psychology, San Francisco, Kalifornien, USA; Melvin Harris, Benfleet, Essex, England; Dr. Reima Kampman, PsychoSoma Oy Tampere Suomen Kuvapalvelu Oy, Helsinki; Joe Keeton, Hoylake, Lancashire, England; Don Ferdinando und Donna Maresti Massimo, Rom; Deng Ming, stellvertretender Chefredakteur des Shanghai People's Art Publishing House, Shanghai, China; Nancy Moneagle, Monroe Institute of Applied Science, Faber, Virginia, USA; Braham Norwick, New York; Eleanor O'Keefe, Society for Psychical Research, London; Dr. Garrett Oppenheim, Tappan, New York, USA; Oratorianer, S. Maria in Vallicella (Chiesa Nuova), Rom; Tamara Saslow, Yonkers, New York, USA; Shanghai People's Art Publishing House, Shanghai, China; Nicholas P. Spanos, Carleton University Ottawa, Kanada; Fabian Tassano, Institute of Psychophysical Research, Oxford, England; Jeanette Thomas, Association for Research and Enlightenment, Virginia Beach, Virginia, USA; Mrs. James W. Totten, South Hamilton, Massachusetts, USA; Ian Wilson, Bristol, England; Shen Xifei, stellvertretender Direktor, Foreign Languages Press, Peking.

QUELLENNACHWEIS DER ABBILDUNGEN

Abbildungen von links nach rechts sind durch Semikolon, solche von oben nach unten durch Gedankenstrich getrennt.

7: National Air and Space Museum, Smithsonian Institution; Hemingway Collection in der John F. Kennedy Library, Boston; National Archives Neg. No. 11-SC-17592. 8, 9: National Air and Space Museum, Smithsonian Institution; Illustration von Donald Gates. 10, 11: Illustration von Donald Gates; Hemingway Collection in der John F. Kennedy Library, Boston. 12, 13: National Archives Neg. No. 11-SC-17592; Illustration von Donald Gates. 15: Illustration von Kimmerle Milnazik. 16, 17: British Museum, London, © Michael Holford, London. 18, 19: C. M. Dixon/Photoresources, Canterbury, Kent; Camera Press, London; Mary Evans Picture Library, London; Gemälde von G. W. Russell, mit frdl. Genehmigung der Hugh Lane Municipal Gallery of Modern Art, Dublin; *Flight of the Shaman* von Jessie Oonark, Baker Lake, Northwest Territories, Kanada, abgedruckt mit Erlaubnis des Estate of Jessie Oonark. Photo von Ernest P. Mayer, mit frdl. Genehmigung der Winnipeg Art Gallery, George Swinton Collection. 20: Mary Evans Picture Library, London/*Psychic News.* 21: Mary Evans Picture Library, London. 23 Montage: Gemälde von Mihran K. Serailian, mit frdl. Genehmigung von Manley P. Hall, Philosophical Research Society, Los Angeles, photographiert von Werts Studios, Inc., Silberschnur des Time-Life Books Art Studio. 24, 25: Silberschnur des Time-Life Books Art Studio. 26: Mary Evans Picture Library, London, Silberschnur des Time-Life Books Art Studio. 28, 29: Aus *The Projection of the Astral Body,* von Sylvan J. Muldoon und Hereward Carrington, Rider & Co., London 1929, außer links, Mary Evans Picture Library, London. 30, 31: © 1987 David Michael Kennedy. 33–35: Duane Michals. 37: Zeichnung von Susan Blackmore. 38, 39: Henry Groskinsky/TIME Magazine. 40: John Hartwell. 41: Mark Handler, Photograph, aus *Psi SEARCH, The New Investigation of Psychic Phenomena that Separates Fact from Speculation,* von Bowles and Hynds, Harper & Row, New York 1978. 43: © Roger Ressmeyer/Wheeler Pictures. 45: Illustration von Wendy Popp, Ausschnitt von Seite 52, 53. 46–55: Illustrationen von Wendy Popp. 57: Illustration von Kimmerle Milnazik. 58: Hugh R. Downs. 61: Gemälde von Cristoforo Roncalli, mit frdl. Genehmigung von S. Maria in Vallicella, Rom, photographiert von Aldo Durazzi. 62, 63: BPCC/Aldus Archive, London. 64: Henry Groskinsky. 66: Photo von Mal Warshaw aus *To Live until We Say Good-Bye,* von Elisabeth Kübler-Ross, Prentice-Hall, Inc. 1978. 68: Ausschnitt aus *Aufstieg zum ewigen Licht* von Hieronymus Bosch, Dogenpalast, Venedig, Photo Scala, Florenz. 70, 71: Aquarell von Bryan Leister. 74, 75: Illustrationen von William Blake, mit frdl. Genehmigung des British Museum, London – aus *Blake's Grave: a Prophetic Book,* herausgegeben von S. Foster Damon, Brown University Press, Providence, Rhode Island, 1963, mit Genehmigung der University Press of New England, Hanover, New Hampshire. 76: Aquarell von William Blake, mit frdl. Genehmigung des British Museum, London. 79: Illustration von Susi Kilgore, Ausschnitt von Seite 84, 85. 80–87: Illustration von Susi Kilgore. 89: John Senzer. 90, 91: Western History Collections, University of Oklahoma. 92, 93 Photomontage: Hintergrund mit frdl. Genehmigung der Arizona Historical Society, Tucson, das Gesicht photographiert von Steve Tuttle. 94, 95 Photomontage: Hintergrund mit frdl. Genehmigung der Library of Congress, der Körper photographiert von Steve Tuttle. 97: Illustration von Kimmerle Milnazik. 98, 99: mit frdl. Genehmigung des Victoria and Albert Museum, London, Photo mit frdl. Genehmigung von Photoresources, Canterbury, Kent. 100: Stich von Emile Bayard, Explorer Archives, Sammlung Devaux, Paris. 101: aus *We Are One Another* von Arthur Guirdham, © 1974, veröffentlicht von C. W. Daniels, Saffron Walden, Essex. 102, 103: Richard Riddell. 104, 105: Library of Congress. 107: Hanny M. El-Zeini, Kairo, außer links, mit frdl. Genehmigung der Sammlung M. Tracey, London. 110, 111: Hylton Edgar Hexham, mit frdl. Genehmigung von Nancy Edgar, kleines Photo mit frdl. Genehmigung von Syndication International, London. 113: AP/Wide World Photos. 115: John Beckett. 116: Orin Sealy für die *Denver Post.* 117: © 6. Juni 1956, *Chicago American,* alle Rechte vorbehalten, verwendet mit Erlaubnis der *Chicago Tribune.* 118: J. Dixon-Scott, London – Culver Pictures, Inc. 119: © 6. Juni 1956, *Chicago American,* alle Rechte vorbehalten, verwendet mit Erlaubnis der *Chicago Tribune.* 120: mit frdl. Genehmigung des Victoria and Albert Museum, London. 121: kleines Photo: Baldez/Shostal – *Yugoslav Review,* Belgrad. 122: BBC Hulton Picture Library, London – mit frdl. Genehmigung des Musée Condé de Chantilly, Frankreich, Photo Derek Bayes/Aspect Picture Library, London. 123: Library of Congress – Gemälde von Philippe de Champaigne, Sammlung U. Moussalli, Paris, Photo Bulloz, Paris. 125: Suomen Kuvapalvelu Oy, Helsinki. 126: Trans. No. 2467 (Photo Lee Boltin), mit frdl. Genehmigung der Department Library Services, American Museum of Natural History, New York. 128: © Marilyn Silverstone/Magnum, abgedruckt mit Erlaubnis der Aperture Foundation, Inc. 129: Gu Shoukang, Foreign Languages Press, Peking. 130, 131: © Marilyn Silverstone/Magnum, abgedruckt mit Erlaubnis der Aperture Foundation, Inc.; *Yugoslav Review,* Belgrad. 132, 133: *Yugoslav Review,* Belgrad; Lauren Stockbower. 134, 135: Eric Valli, Saint-Jorioz, Frankreich. 136, 137: *Yugoslav Review,* Belgrad.

BIBLIOGRAPHIE

Abbott, Eugenie B.: „The Miraculous Case of Blind Tom." *The Étude Music Magazine,* Philadelphia, August 1940

Alain, Pierre: *The Great Places of France.* Productions Lieber SA, Fribourg 1982

Aldridge, Alfred Owen: *Benjamin Franklin and Nature's God.* Duke University Press, Durham (N.C.) 1967

Ayer, Fred, Jr.: *Before the Colors Fade: Portrait of a Soldier, George S. Patton, Jr.* Houghton Mifflin, Boston 1964

Baker, Carlos: *Hemingway. Die Geschichte eines abenteuerlichen Lebens.* Ed. Praeger, München 1971

Banerjee, H. N.: *Americans Who Have Been Reincarnated.* Macmillan, New York 1980

Bassuk, Daniel E.: *Incarnation in Hinduism and Christianity.* Humanities Press International, Atlantic Highlands (N.J.) 1987

Bernstein, Morey: *Protokoll einer Wiedergeburt: Der weltbekannte Fall der Bridey Murphy.* Knaur Verlag, München o. J.

Blackmore, Susan J.:

Beyond the Body. William Heinemann, London 1982

„Out-of-the-Body Experiences." In *Psychical Research,* hrsg. von Ivor Grattan-Guinness. Aquarian Press, Wellingborough (Northamptonshire) 1982

Bleiler, E. F.: „The Mummy Made Her Do It". (Rezension des Buches *The Search for Omm Sety* von Jonathan Cott). *Washington Post,* 5. Juli 1987

Blumenson, Martin:

The Patton Papers: 1885–1940. Houghton Mifflin, Boston 1972

Patton: The Man behind the Legend, 1885–1945. William Morrow, New York 1985

Blythe, Henry: *The Three Lives of Naomi Henry.* Citadel Press, New York 1956

Bowles, Norma, Hynds, Fran, und Maxwell, Joan: *Psi Search.* Harper & Row, New York 1978

Bradbury, Will (Hrsg.): *Faszination des Unfaßbaren.* Verlag Das Beste, Stuttgart 1983

Bradley, David G.: *A Guide to the World's Religions.* Prentice-Hall, Englewood Cliffs (N.J.) 1963

Brean, Herbert: „Bridey Murphy Puts Nation in a Hypontizzy." *Life,* 19. März 1956
„Bridie Search Ends at Last." *Life,* 25. Juni 1956
Brier, Bob: *Ancient Egyptian Magic.* Quill, New York 1981
Bryan, Michael: *Bryan's Dictionary of Painters and Engravers.* Hrsg. von George C. Williamson. Kennikat Press, Port Washington (N.Y.) 1964
Buckley, Peter: *Ernest.* Dial Press, New York 1978
Butlin, Martin: *Paintings and Drawings of William Blake.* Bd. 1 und 2. Yale University Press, New Haven (Conn.) 1981
Calloway, Hugh G. (Pseud. Oliver Fox): *Astral Projection: A Record of Out-of-the-Body Experiences.* University Books, New Hyde Park (N.Y.) 1962
Casson, Lionel, und die Redaktion der Time-Life Bücher: *Das alte Ägypten.* (Zeitalter der Menschheit). Time-Life Bücher, Amsterdam, 15. Aufl., 1984
Cavendish, Richard (Hrsg.):
Encyclopedia of the Unexplained. McGraw-Hill, New York 1974
Man, Myth & Magic. Marshall Cavendish, New York 1985
Cerminara, Gina: *Erregende Zeugnisse von Karma und Wiedergeburt.* Knaur Verlag, München o. J.
Cerri, Oreste: *S. Filippo Neri – Aneddotico.* Edizione Il Villaggio del Fanciullo di Vergiate, Rom 1986
Christie-Murray, David:
„The Language of the Dead." *The Unexplained* (London), Bd. 1, Heft 7
„Memories, Dreams or Inventions." *The Unexplained* (London, Bd. 1, Heft 9
„Other Voices, Other Lives." *The Unexplained* (London), Bd. 1, Heft 3
Reincarnation. David and Charles, London 1981
Christopher, Milbourne: *Search for the Soul.* Thomas Y. Crowell, New York, 1979
Clifford, Terry: „Shirley MacLaine's Spiritual Dance." *American Health,* Januar–Februar 1987
Connery, Donald S.: *The Inner Source.* Holt, Reinhart and Winston, New York 1982
Cook, Emily Williams: „Research on Reincarnation-Type Cases." In *Case Studies in Parapsychology.* Hrsg. von K. Ramakrishna Rao. McFarland, Jefferson (N.C.) 1986
Cott, Jonathan: „Walk Like an Egyptian." *Omni,* Juli 1987
Cott, Jonathan, und El Zeini, Hanny: *The Search for Omm Sety: A Story of Eternal Love.* Doubleday, Garden City (N.Y.) 1987
Cranston, Sylvia, und Williams, Carey: *Reincarnation: A New Horizon in Science, Religion and Society.* Julian Press, New York 1984
Crookall, Robert:
Case-book of Astral Projection. University Books, Secaucus (N.J.) 1972
Out-of-the-Body Experiences: A Fourth Analysis. Citadel Press, Secaucus (N.J.) 1970
The Study and Practice of Astral Projection. Citadel Press, Secaucus (N.Y.) 1960
Curley, Michael J.: *Physiologus.* University of Texas Press, Austin 1979
(Seine Heiligkeit der) Dalai Lama von Tibet: *My Land and My People.* McGraw-Hill, New York 1962
Davenport, Marcia: *Mozart.* Charles Scribner's Sons, New York 1960
Dawson, Jenny: „The Disembodied Self." *The Unexplained* (London), Bd. 1, Heft 6
Deford, Frank: „Shirley MacLaine." *People,* 18. Juli 1983
Dickinson, G. Lowes: „A Case of Emergence of a Latent Memory under Hypnosis." *Proceedings of the Society for Psychical Research,* Glasgow, August 1911.
Douglas, Alfred: *Extra-sensory Powers.* Overlook Press, Woodstock (N.Y.) 1976
Ducasse, C. J.:
„Bridey Murphy Revisited." In *Reincarnation in the Twentieth Century.* Hrsg. von Martin Ebon. World, New York 1969
„The Doctrine of Reincarnation in the History of Thought." *International Journal of Parapsychology* (New York), Sommer 1960
Durant, Will: *Kulturgeschichte der Menschheit.*
Bd. 1: *Das Vermächtnis des Ostens,* Ed. Recontre, Lausanne 1965
Bd. 2: *Das Leben Griechenlands.* Ed. Recontre, Lausanne 1965
Bd. 3: *Caesar und Christus.* Ed. Recontre, Lausanne, 1965
Eastman, Margaret: „Out-of-the-Body Experiences." *Proceedings of the Society for Psychical Research* (London), Bd. 53, 1960–1962
Ellison, A. J.:
„Fact, Imagination or Psi?" *The Unexplained* (London), Bd. 6, Heft 72
„Points of View." *The Unexplained* (London), Bd. 6, Heft 71
Evans-Wentz, W. Y. (Hrsg.): *Das Tibetanische Totenbuch oder die Nachtod-Erfahrungen auf der Bardo-Stufe.* Walter Verlag, Olten und Freiburg 1971
„Eye to (Third) Eye." *Science News,* 9. November 1985
Fairley, John, Welfare, Simon, und Clarke, Arthur: *Geheimnisvolle Welten. An der Grenze unserer Wirklichkeit.* Droemer Knaur Verlag, München 1981
Farago, Ladislas: Patton: Ordeal and Triumph. Dell, New York 1963
Ford, Paul Leicester: *The Many-Sided Franklin.* Century, New York 1899
Fox, Oliver: *Astral Projection.* University Books, New Hyde Park (N.J.) 1962
Gabbard, Glen O., und Twemlow, Stuart W.: *With the Eyes of the Mind.* Praeger, New York 1984
Gallup, George, Jr., und Proctor, William: *Adventures in Immortality.* McGraw-Hill, New York 1982
Garraty, John A., und Gay, Peter (Hrsg.): *The Columbia History of the World.* Harper & Row, New York 1972
Garrison, Webb B.: „Blind Tom: Mystery of Music." *Coronet,* Juli 1952
Gauld, Alan:
The Founders of Psychical Research. Routledge & Kegan Paul, London 1968
Mediumship and Survival. William Heinemann, London 1982
Gilchrist, Alexander: *Life of William Blake.* E. P. Dutton, New York 1942
Gill, Brendan: *Lindbergh Alone.* Harcourt Brace Jovanovich, San Diego 1971
Grattan-Guinness, Ivor (Hrsg.): *Psychical Research.* Aquarian Press, Wellingborough (Northamptonshire) 1982
Great Religions of the World. National Geographic Society, Washington (D.C.) 1971
Green, C. E.: *Lucid Dreams.* Institute of Psychophysical Research, Oxford 1968
Greyson, Bruce, und Flynn, Charles P. (Hrsg.) *The Near-Death Experience: Problems, Prospects, Perspectives.* Charles C. Thomas Springfield (Ill.) 1984
Grosso, Michael: „Recollections of Death: A Medical Perspective" (Buchrezension). *Anabiosis,* Storrs (Conn.), Dezember 1981
Grosvenor, Donna K., und Gilbert M.: „Bali by the Back Roads." *National Geographic,* November 1969
Guirdham, Arthur:
The Cathars & Reincarnation. Neville Spearman, London 1970
We Are One Another. Neville Spearman, London 1974
Guru Rinpoche: *The Tibetan Book of the Dead.* Shambala, Berkeley (Kalifornien) 1975
Hall, Alice J.: „Philosopher of Dissent: Benj. Franklin." *National Geographic,* Juli 1975
Hall, Angus: *Kultismus, geheimnisvolle Sitten und Gebräuche.* Ullstein Verlag, Berlin 1979
Hall, Manly P. *Spiritual Centers in Man.* Philosophical Research Society, Los Angeles 1978
Head, Joseph, und Cranston, S. L. (Hrsg.):
Reincarnation. Causeway Books, New York 1967
Reincarnation: The Phoenix Fire Mystery. Julian Press, New York 1977
Hemingway, Ernest: *In einem andern Land.* Rowohlt Verlag, Reinbek 1930
Hobbs, A. Hoyt, und Adzigian, Joy: *A Complete Guide to Egypt and the Archaeological Sites.* William Morrow, New York 1981
Hogan, Robert: *Dictionary of Irish Literature.* Greenwood Press, Westport (Conn.) 1979
Holms, A. Campbell: *The Facts of Psychic Science and Philosophy.* University Books, New Hyde Park (N.Y.) 1969
Holroyd, Stuart:
Übersinnliches. Dimensionen ohne Grenzen. Ullstein Verlag, Berlin 1980
Reisen in die Psyche. Ullstein Verlag, Berlin 1979
The Horizon History of Christianity. Von der Redaktion des *Horizon* Magazines. American Heritage, New York 1964
Hövelmann, Gerd H.: „Evidence for Survival from Near-Death Experiences? A Critical Appraisal." In *A Skeptic's Handbook of Parapsychology.* Hrsg. von Paul Kurtz. Prometheus Books, Buffalo 1985
Hutchens, John K.: „Roundup to Date on Bridey Murphy." *New York Herald Tribune,* 11. März 1956
„In Her Own Words." *People,* 30. April 1984
Iverson, Jeffrey: *More Lives Than One?* Warner Books, New York 1976
Jicheng, Li, und Ku Shoukang: *The Realm of Tibetan Buddhism.* China Books & Periodicals, San Francisco 1985
Jigmei, Ngapo Ngawang, u. a.: *Tibet.* McGraw-Hill, New York 1981
Kampman, Reima: *Hypnotically Induced Multiple Personality.* Universität von Oulu, Oulu 1973
Kastenbaum, Robert J.: *Death, Society, and Human Experience.* Charles E. Merrill, Columbus (Ohio) 1986
King, Francis: „Blavatsky: Larger Than Life." *The Unexplained* (London), Bd. 9, Heft 104
Kinkead, Eugene: „Have You Lived Before?" (Interview mit Ian Stevenson). *Family Circle,* 14. Juni 1978
Kline, Milton V. (Hrsg.): *A Scientific Report on the Search for Bridey Murphy.* Julian Press, New York 1956
Kübler-Ross, Elisabeth:
Interviews mit Sterbenden. Kreuz Verlag, Stuttgart 1969
Leben, bis wir Abschied nehmen. Kreuz Verlag, Stuttgart 1979
Kupferberg, Herbert: *Amadeus: A. Mozart Mosaic.* McGraw-Hill, New York 1986
LaBerge, Stephen: *Hellwach im Traum. Höchste Bewußtheit im tiefen Schlaf.* Junfermann 1987

Lacey, Robert: *Ford: The Men and the Machine.* Little, Brown, Boston 1986

Langley, Noel: *Edgar Cayce on Reincarnation.* Warner Books, New York 1967

Larsen, Caroline D.: *My Travels in the Spirit World.* Lane Press, Burlington (Vt.) 1927

„Leaving the Body." In *Into the Unknown.* Hrsg. von Will Bradbury. Reader's Digest, Pleasantville (N.Y.) 1981

Levine, Art, Kyle, Cynthia, und Dworkin, Peter: „Mystics on Main Street." *U.S. News & World Report,* 9. Februar 1987

Levy, G. R. (Hrsg.): *The Myths of Plato.* Southern Illinois University Press, Carbondale (Ill.) 1960

Lindbergh, Charles A.:
Autobiography of Values. Hartcourt Brace Jovanovich, New York 1978
Mein Flug über den Atlantik. S. Fischer Verlag, Frankfurt 1954

Lundahl, Craig R. (Hrsg.): *A Collection of Near-Death Research Readings.* Nelson-Hall, Chicago 1982

MacLaine, Shirley:
Tanz im Licht. Goldmann Verlag, München 1987
Zwischenleben. Goldmann Verlag, München 1984

Madaule, Jacques: *The Albigensian Crusade.* Burns & Oates, London 1967

Magré, Maurice: *Magicians, Seers, and Mystics.* E. P. Dutton, New York 1932

Martin, Anthony: *Astralprojektion. Reisen ohne Körper.* Sphinx Verlag, Basel 1987

Monroe, Robert A.: *Der Mann mit den zwei Leben. Reisen außerhalb des Körpers.* Ansata-Verlag, Interlaken 1981

Moody, Raymond A., Jr.:
Leben nach dem Tod. Rowohlt Verlag, Reinbek 1978
Nachgedanken über das Leben nach dem Tod. Rowohlt Verlag, Reinbek 1978

Moore, R. Laurence: *In Search of White Crows.* Oxford University Press, New York 1977

Muldoon, Sylvan, und Carrington, Hereward:
The Phenomena of Astral Projection. Sun Books, Albuquerque (N.Mex.) 1981
Die Aussendung des Astralkörpers. Bauer Verlag, Freiburg 1986

Mullin, Glenn H.: *Die Schwelle zum Tod. Tod und Leben nach tibetischem Glauben.* Diederichs Verlag, Köln 1987

„Near-Death Experiences Illuminate Dying Itself." *New York Times,* 28. Oktober 1986

Netherton, Morris: *Bericht vom Leben vor dem Leben. Reinkarnationstherapie.* Scherz-Verlag, München 1979

New Catholic Encyclopedia. McGraw-Hill, New York 1967

Noyes, Russell, Jr.: „Dying and Mystical Consciousness." *Journal of Thanatology,* Januar–Februar 1971

Noyes, Russell, Jr., und Kletti, Roy: „The Experience of Dying from Falls." *Omega,* Februar 1972

Oppenheim, Garrett: „Who Were You before You Were You?" *Venture Inward,* Virginia Beach (Va.), Mai–Juni 1987

Osis, Karlis, und Haraldsson, Erlendur: *Der Tod – ein neuer Anfang.* Bauer Verlag, Freiburg 1982

Osis, Karlis, und McCormick, Donna: „Kinetic Effects at the Ostensible Location of an Out-of-Body Projection during Perceptual Testing." *Journal of the American Society for Psychical Research,* Juli 1980

Parton, James: *Life and Times of Benjamin Franklin.* Da Capo Press, New York 1971

Perry, Michael: „Psychical Research and Religion." In *Psychical Research,* hrsg. von Ivor Grattan-Guinness. Aquarian Press, Wellingborough 1982

Picknett, Lynn: „At Death's Door." *The Unexplained (London), Bd. 6, Heft 62*

Platon: *Meisterdialoge. Sämtliche Werke* Bd. 3. Artemis Verlag, Zürich und München 1974

Probst, George E. (Hrsg.): *The Indispensable Man.* Shorewood, New York 1962

Province, Charles M.: *The Unknown Patton.* Hippocrene Books, New York 1983

Reston, James, Jr.: „Mission to a Mind." *Omni,* Juli 1984

Richardson, H. E.: *A Short History of Tibet.* E. P. Dutton, New York 1962

Ring, Kenneth:
Den Tod erfahren – das Leben gewinnen. Scherz-Verlag, München 1985
Life at Death: A Scientific Investigation of the Near-Death Experience. Quill, New York 1980
„Precognitive and Prophetic Visions in Near-Death Experiences." *Anabiosis,* Storrs (Conn.), Juni 1982

Ritchie, George G., mit Sherrill, Elizabeth: *Rückkehr von Morgen.* Verlag der Francke-Buchhandlung, Marburg an der Lahn 1986

Rogo, D. Scott:
Reisen in die unsterbliche Dimension. Erd Verlag, München 1985
Life after Death: The Case for Survival of Bodily Death. Aquarian Press, Wellingborough 1986
„Researching the Out-of-Body Experience." In *Case Studies in Parapsychology.* Hrsg. von K. Ramakrishna Rao. McFarland, Jefferson (N.C.) 1986
The Search for Yesterday. Prentice-Hall, Englewood Cliffs (N.J.) 1985

Ross, Nancy Wilson: *Buddism: A Way of Life and Thought.* Vintage Books, New York 1980

Sabom, Michael B.: *Erinnerung an den Tod. Eine medizinische Untersuchung.* Goldmann Verlag, München 1987

Sety, Omm, und El Zeini, Hanny: *Abydos: Holy City of Ancient Egypt.* L L Company, Los Angeles 1981

Sheils, Dean: „A Cross-Cultural Study of Beliefs in Out-of-the-Body Experiences, Waking und Sleeping." *Journal of the Society for Psychical Research,* März 1978

Sheldrake, Rupert: „Is Death a Dream?" *The Unexplained* (London), Bd. 11, Heft 125

Shenker, Israel: „Group Here to Begin Search for Evidence of Human Soul." *New York Times,* 29. Juli 1971

Shepard, Leslie (Hrsg.): *Encyclopedia of Occultism & Parapsychology.* Bd. 1. Gale Research, Detroit 1984

„She's Having the Time of Her Lives." *People,* 26. Januar 1987

Smythe, J. Henry, Jr. (Hrsg): *The Amazing Benjamin Franklin.* Frederick A. Stokes, New York 1929

Stearn, Jess: *Edgar Cayce – der schlafende Prophet.* Knaur Verlag, München 1985

Stevenson, Ian:
„American Children Who Claim to Remember Previous Lives." *Journal of Nervous and Mental Disease.* Bd. 171, Nr. 12, 1983
„Beweisen Rückerinnerungen frühere Inkarnationen?" *Neue Wissenschaft* 10 (1961/62), Heft 2 und 3
„Cryptomnesia and Parapsychology." *Journal of the Society for Psychical Research,* Februar 1983
Cases of the Reincarnation Type. Bd. 2: *Ten Cases in Sri Lanka.* University Press of Virginia, Charlottesville 1977
Cases of the Reincarnation Type. Bd. 3: *Twelve Cases in Lebanon and Turkey.* University Press of Virginia, Charlottesville 1980
„Explanatory Value of the Idea of Reincarnation." *Journal of Nervous and Mental Disease.* Bd. 164, Nr. 5, 1977.
„The ‚Perfect' Reincarnation Case." *Research in Parapsychology,* 1972
„Reinkarnation: Field Studies and Theoretical Issues." In *Handbook of Parapsychology.* Hrsg. von Benjamin B. Wolman. Van Nostrand Reinhold, New York 1977
„Research into the Evidence of Man's Survival after Death." *Journal of Nervous and Mental Disease.* Bd. 165, Nr. 3, 1977
„Some Questions Related to Cases of the Reincarnation Type." *Journal of the American Society for Psychical Research,* Oktober 1974
Reinkarnation. Der Mensch im Wandel von Tod und Wiedergeburt. Aurum Verlag, Freiburg 1976
Xenoglossy. University Press of Virginia, Charlottesville 1974

Strayer, Joseph R.: *The Albigensian Crusades.* Dial Press, New York 1971

Sugrue, Thomas: *Edgar Cayce: Die Geschichte eines schicksalhaften Lebens.* Knaur Verlag, München o. J.

Swann, Ingo: *To Kiss Earth Good-bye.* Hawthorn Books, New York, 1975

Tansley, David V.: *Energiekörper.* Kösel Verlag, München 1985

Thomas, Joseph: *Universal Pronouncing Dictionary of Biography and Mythology.* J. B. Lippincott, Philadelphia 1930

Turner, W. J.: *Mozart: The Man & His Works.* Alfred A. Knopf, New York 1938

Valli, Eric, und Cherisey, Christine de: *Tsangbou: Entre Népal et Tibet.* Hachette Realités, Neuchâtel 1981

Venn, Jonathan: „Hypnosis and the Reincarnation Hypothesis: A Critical Review and Intensive Case Study." *Journal of the American Society for Psychical Research,* Oktober 1986

Viereck, George Sylvester: „Henry Ford: Master Mind Sends Messages to Earth: An Interview with Henry Ford." *San Francisco Examiner,* 26. August 1928

Walker, Benjamin: *Beyond the Body.* Routledge & Kegan Paul, London 1974

Wambach, Helen: *Seelenwanderung. Wiedergeburt durch Hypnose.* Goldmann Verlag, München 1986

Ward, Fred: „Long-Forbidden Tibet." *National Geographic,* Februar 1980

Warrior: The Story of General George S. Patton. Von der Redaktion der *Army Times.* G. P. Putnam's Sons, New York 1967

Williams, Loring G.: „Reincarnation of a Civil War Victim." *Fate,* Dezember 1966

Wilson, Colin: *Mysterious Powers.* Danbury Press, Danbury (Conn.) 1975

Wilson, Ian:
All in the Mind. Doubleday, Garden City (N.J.) 1982
Mind out of Time? Victor Gollancz, London 1981

Woodhouse, Mark: „Near-Death Experiences and the Mind-Body Problem." *Anabiosis,* Storrs (Conn.), Juli 1981

Wren, Christopher S.: „Briton with a Sense of Déjà Vu Calls Ruins ‚Home'." *New York Times,* 17. April 1979

Wurtmann, Richard J., und Axelrod, Julius: „The Pineal Gland." *Scientific American,* Juli 1965

Zaleski, Carol: *Otherworld Journeys.* Oxford University Press, New York 1987

REGISTER

Kursiv gedruckte Seitenzahlen verweisen auf eine Abbildung zu dem betreffenden Stichwort.

I

J

K

L

M

N

O

P

R

TIME-LIFE BÜCHER

LEITUNG DER EUROPÄISCHEN REDAKTION:
Ellen Phillips
Direktor des Designs: Ed Skyner
Leitung der Administration: Samantha Hill
Chef-Assistentin: Ilse Gray

Eighth German printing 1992.

ISBN 90-6182-994-1

GEHEIMNISSE DES UNBEKANNTEN

DIREKTOR DER REIHE: Russell B. Adams, Jr.
Administration der Reihe: Elise Ritter Gibson
Designer: Herbert H. Quarmby

Redaktionsstab für *Seelenreisen:*
Redaktion: Jane N. Coughran (Bild); Pat Daniels (Text)
Autorinnen: Janet P. Cave, Laura Foreman
Design: Lorraine D. Rivard

Beiträge von: Christine Hinze (Bild); George Daniels, Donald Jackson, Wendy Murphy, Marilynne R. Rudick, John Tompkins, Robert H. White (Text); Eleanor Barrett, John Drummond, Ellen Robling (Design); Richard A. Davis (Dokumentation)

Korrespondentinnen: Elisabeth Kraemer-Singh (Bonn); Maria Vincenza Aloisi (Paris); Ann Natanson (Rom). Hilfreiche Unterstützung leisteten ebenfalls: Pavle Svabic (Belgrad); Lance Keyworth (Helsinki); Bing Wong (Hongkong); Mona Mortagy (Kairo); Judy Aspinall (London); Elizabeth Brown, Christina Lieberman (New York); Dag Christensen (Oslo); Jaime A. Florcruz, Jane Zhang, Zhen Zhang (Peking); Ann Wise (Rom); Phillip Cunningham (Schanghai)

Die Dokumentation für *Seelenreisen* wurde unter Leitung von Time-Life Bücher erstellt von:
Bibliographics Inc.
Leitung: David L. Harrison
Dokumentare: Vilasini Balakrishnian, Mary Ford Dreesen, Martha L. Johnson, Sydney Johnson, Mary Mayberry, Jared Rosenfeld, Jacqueline Shaffer, Corinne Szabo

LEITUNG DER DEUTSCHEN REDAKTION:
Marianne Tölle
Textredaktion: Gertraud Bellon, Ulla Dornberg, Barbara Zander

Aus dem Englischen übertragen von Angelika Feilhauer

Berater:
Marcello Truzzi, Professor für Soziologie an der Eastern Michigan University, ist auch der Leiter des Center for Scientific Anomalies Research (CSAR) und Herausgeber von dessen Zeitschrift *Zetetic Scholar.* Dr. Truzzi, der sich bezüglich des Paranormalen als „konstruktiver Skeptiker" bezeichnet, bemüht sich über das CSAR um Dialoge zwischen Kritikern und Verfechtern ungewöhnlicher wissenschaftlicher Thesen.

James G. Matlock ist Bibliothekar und Archivar der American Society for Psychical Research (ASPR) sowie Mitglied der Parapsychological Association. Er hat zahlreiche Arbeiten über die Geschichte der Parapsychologie geschrieben.

WUNDER DER WISSENSCHAFT
SYSTEM ERDE
BIBLIOTHEK ERSTAUNLICHER FAKTEN UND PHÄNOMENE
LERNEN IST LUSTIG
KINDER ENTDECKEN ...
REISE DURCH DAS UNIVERSUM
GEHEIMNISSE DES UNBEKANNTEN
SPEKTRUM DER WELTGESCHICHTE
FIT UND GESUND
GESUNDE KÜCHE FÜR GENIESSER
COMPUTER VERSTEHEN
VERZAUBERTE WELTEN
LÄNDER DER ERDE
DER PLANET ERDE
HANDBUCH DES HEIMWERKERS
DIE KUNST DES KOCHENS
WILDNISSE DER WELT

TIME LIFE BÜCHER

Dieser Band gehört zu einer Reihe, die sich mit rätselhaften Phänomenen befaßt, für die die Wissenschaft bis heute keine schlüssigen Erklärungen gefunden hat.

Farbreproduktionen: Liberty Engraving Co., Chicago, USA
Satz: Utesch Satztechnik GmbH, Hamburg
Druck und Einband: R. R. Donnelley & Sons Co., Willard, Ohio, USA